Erklär mir die Welt!

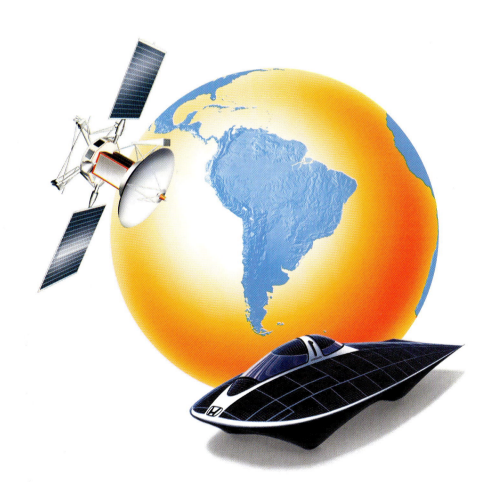

XENOS

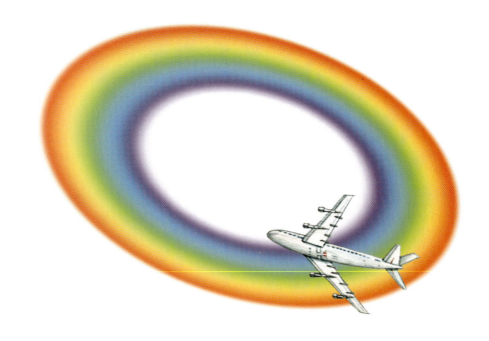

ISBN 3-8212-2708-7

© XENOS VERLAGSGESELLSCHAFT MBH
AM HEHSEL 40, 22339 HAMBURG

ÜBERSETZUNG: WIEBKE KRABBE, DAMLOS

LEKTORAT FÜR DIE DEUTSCHE AUSGABE: DIETER SCHMIDT, WOHLTORF/HAMBURG

SATZ: OLAF HILLE, HAMBURG

DIE ORIGINALAUSGABE ERSCHIEN 2002 BEI BOOKMART LIMITED,
PO BOX 215, FRAMINGHAM EARL, NORWICH, NORFOLK NR14 7UR,
GROSSBRITANNIEN
UNTER DEM TITEL „1001 QUESTIONS AND ANSWERS"

TEXT: SIMON MUGFORD

DESIGN: AMANDA HAWKES

PRODUKTDESIGN: MIKE CROLL, AMY BARTON

LEKTORAT: SALLY DELANEY, NICOLA BAXTER

ILLUSTRATIONEN: JULIAN BAUM, PETER BULL ART STUDIO, DAVID BLUNDELL,
ROBIN CARTER, STEFAN CHABLUK, TOM CONNELL, MICHAEL LANGHAM ROWE,
SALLY LAUNDER, TERRY PASTOR, SANDRA POND

COPYRIGHT 2002 BOOKMART LIMITED

PRINTED IN SINGAPORE

Inhalt

Wetter und Klima

Wie beeinflusst die Sonne das Wetter? 6
Warum ist es am Äquator heiss? 8
Wie entstehen die Jahreszeiten? 10
Was sind Klimazonen? 12
Verändert sich das Klima? 14

Was ist die Atmosphäre? 16
Wie entsteht Luftdruck? 18
Was ist eine Wetterfront? 20
Wie entsteht Wind? 22

Wie entsteht ein Gewitter? 30
Was bedeuten die Formen der Wolken? 32
Wie entsteht Regen? 34
Wie entsteht Schnee? 36
Wie entsteht Raureif? 38
Was ist Luftfeuchtigkeit? 40

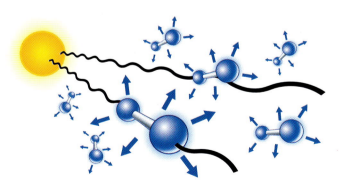

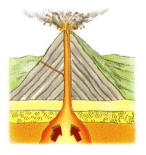

Wie misst man die Windstärke? 24
Was ist ein Hurrikan? 26
Was ist ein Tornado? 28

Wie entsteht Nebel? 42
Wann bildet sich ein Regenbogen? 44
Was ist El Niño? 46
Wer sagt das Wetter voraus? 48

Wie entsteht ein Wetterbericht? 50
Was verrät die Natur über das Wetter? 52

Wie kann ich das Wetter beobachten? 54
Wie sät man Wolken? 56
Wie hat das Wetter die Geschichte beeinflusst? 58
Wem nützen Wettervorhersagen? 60
Begriffe 62

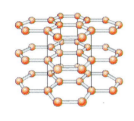 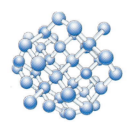

Unsere Erde

Wie alt ist die Erde? 64
Woraus besteht die Erde? 66
Was ist die Kontinentaldrift? 68
Warum sind Erdbeben so gefährlich? 70

Was geschieht bei einem Vulkanausbruch? 72
Woraus besteht Gestein? 74
Was ist ein Gletscher? 76
Wie entstehen Berge? 78
Wie viel Erde ist von Wasser bedeckt? 80
Wo beginnt und wo endet ein Fluss? 82
Warum sind Küsten so verschieden? 84
Wo wachsen Wälder? 86
Welche Merkmale hat eine Wüste? 88
Wie entsteht Kohle? 90
Was sind erneuerbare Energien? 92
Wie verwertet die Industrie Rohstoffe? 94
Warum ist Wasser so wichtig? 96
Seit wann betreiben die Menschen Landwirtschaft? 98
Wird es immer Fische in den Meeren geben? 100
Gibt es nur auf der Erde Lebewesen? 102
Wie gefährden die Menschen die Erde? 104
Wird es immer mehr Menschen auf der Erde geben? 106
Was sind eingeborene Völker? 108
Was ist Religion? 110
Was ist Medizin? 112
Seit wann bauen die Menschen Häuser? 114
Wie wird Information in alle Welt übermittelt? 116
Was ist eine Gesellschaft? 118
Was ist Industrie? 120
Was ist die Weltwirtschaft? 122
Begriffe 124

Register 125

WIE BEEINFLUSST DIE SONNE DAS WETTER?

Ohne Sonne hätten wir gar kein Wetter. Wärme und Licht von der Sonne halten die Luft in der Erdatmosphäre in Bewegung. Direkt oder indirekt ist diese Luftbewegung Ursache für Wind, Regen und Nebel, Schnee und Gewitter. Auch die wechselnde Stellung der Erde zur Sonne ist für die Veränderungen im Wetter unseres Planeten verantwortlich.

WARUM IST AN SONNIGEN TAGEN DER HIMMEL BLAU?

Sonnenlicht besteht aus verschiedenen Farben, von denen jede ihre eigene Wellenlänge hat. Die Wellen des blauen Anteils im Sonnenlicht sind kürzer als die Länge eines Sauerstoffatoms. Treffen die blauen Lichtwellen in der Erdatmosphäre auf Sauerstoffatome, werden sie gestreut; der Himmel sieht blau aus. Auch die Wellen der anderen Lichtfarben sind davon betroffen, aber die blauen Wellen werden am stärksten gestreut.

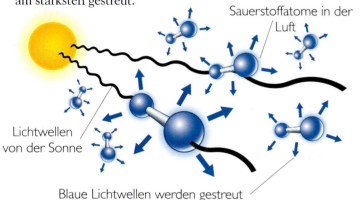

Sauerstoffatome in der Luft

Lichtwellen von der Sonne

Blaue Lichtwellen werden gestreut

Wärme erzeugt Luftbewegung, die Wind und andere Wettererscheinungen verursacht.

Die Sonne erwärmt das Meer.

Menschen fühlen sich im Sonnenschein wohl.

Die Sonne erwärmt das Land.

WIE KANN DIE SONNE UNS SCHADEN?

Die meisten Menschen genießen Sonnenschein. Die ultravioletten Strahlen im Sonnenlicht helfen dem Körper, bestimmte Vitamine zu erzeugen. Zu viel Sonnenlicht kann aber schädlich sein und schwere Krankheiten verursachen, z.B. Hautkrebs. Schütze deine Haut immer mit Sonnencreme und halte dich bei starkem Sonnenschein lieber im Schatten auf.

BEEINFLUSSEN SONNENFLECKEN DAS WETTER AUF DER ERDE?

Manche Wissenschaftler glauben, dass die Aktivität von Sonnenflecken das Wetter beeinflusst. Sonnenflecken tauchen etwa alle 11 Jahre stark vermehrt auf. Forschungen haben gezeigt, dass schwere Dürren etwa alle 22 Jahre aufgetreten sind. Der genaue Zusammenhang zwischen den beiden Erscheinungen ist noch nicht geklärt.

Sonnenflecken sind kühlere Bereiche auf der Oberfläche der Sonne.

Sonnenfackeln schießen in den Weltraum hinaus.

WAS IST SONNENWIND?

Manchmal setzt die Sonne sehr viel elektromagnetische Energie in Form von Sonnenwind frei. Dieser „Wind" ist in Wirklichkeit ein extrem heißes Gas. Die Erde ist durch ihr Magnetfeld, das bis in den Weltraum reicht, vor diesem Gas geschützt. Einige Teilchen der Sonnenwinde können jedoch Satelliten beschädigen und sogar Stromausfälle auf der Erde verursachen. Es ist aber noch nicht erforscht, welche Langzeit-Auswirkungen sie auf das Klima der Erde haben.

Wie ein Brennglas bündelt die Glaskugel das Sonnenlicht.

Die Sonnenstunden werden auf einem Pappstreifen aufgezeichnet.

WIE MISST MAN DIE SONNENSTUNDEN AN EINEM TAG?

Ein Pyrheliometer ist ein Gerät, mit dem man die Sonnenstunden messen kann. Es ist eine massive Glaskugel, die das Sonnenlicht bündelt und auf einen Pappstreifen leitet. Die gebündelten Strahlen versengen die Pappe. Weil die Sonne über den Himmel wandert, verändert sich der versengte Streifen. Je länger er ist, desto länger hat die Sonne geschienen.

WIE FUNKTIONIERT EINE SONNENUHR?

Eine Sonnenuhr zeigt die Zeit an, indem sie einen Schatten auf ein Zifferblatt wirft. Der Zeiger oder *Gnomon* wird nach Norden ausgerichtet. Sein Schatten wandert über das Zifferblatt, wenn die Sonne von Sonnenaufgang bis -untergang über den Himmel wandert.

Der Schatten wandert über das Zifferblatt.

Der Schatten zeigt die Uhrzeit an.

Wusstest du …?

WER WAR RA?

Ra oder Re war die oberste Gottheit der Alten Ägypter, der Sonnengott.

WAS IST DAS MAUNDER-MINIMUM?

Der britische Astronom Edward Maunder entdeckte, dass es zwischen 1645 und 1715 kaum Sonnenflecken-Aktivität gab. Während dieser Zeit, die man das Maunder-Minimum nennt, war es in Europa außergewöhnlich kalt.

WIE LANGE BRAUCHT DAS SONNENLICHT VON DER SONNE BIS ZUR ERDE?

Für die rund 150 Millionen Kilometer von der Sonne bis zur Erde braucht das Licht etwa 8 Minuten.

KANN MAN MIT SONNENLICHT KOCHEN?

In einigen heißen Ländern verwenden die Einwohner spezielle gewölbte Spiegel, um das Sonnenlicht zu bündeln und auf Kochplatten zu richten, auf denen sie ihr Essen garen.

WARUM IST ES AM ÄQUATOR HEISS?

WIE ERWÄRMT DIE SONNE DIE ERDE?

Die Sonnenwärme erreicht die Erde in Form von Strahlung. Ein Teil dieser Strahlung wird von der Erdatmosphäre absorbiert oder reflektiert, doch der größte Teil erreicht die Erde und erwärmt Land und Gewässer. Wenn sich die Erde erwärmt, reflektiert sie einen Teil der Hitze wieder in den Weltraum.

Die Temperatur einer Region hängt hauptsächlich davon ab, wie dort die Sonnenstrahlen auf die Erde treffen. Weil die Erde rund ist, treffen die Strahlen in verschiedenen Erdbereichen in unterschiedlichen Winkeln auf. In der Äquatorzone, wo die Sonnenstrahlen gerade auf die Erde treffen, ist es am heißesten. An den Polen fallen die Sonnenstrahlen sehr flach ein, dort ist es viel kälter.

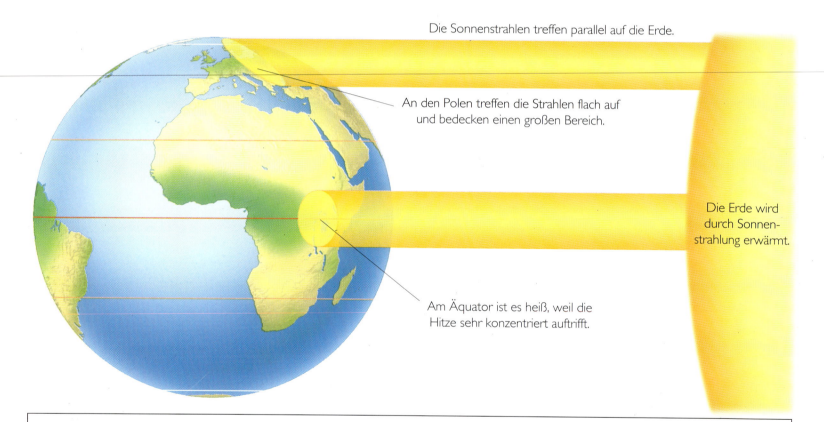

Die Sonnenstrahlen treffen parallel auf die Erde.

An den Polen treffen die Strahlen flach auf und bedecken einen großen Bereich.

Die Erde wird durch Sonnenstrahlung erwärmt.

Am Äquator ist es heiß, weil die Hitze sehr konzentriert auftrifft.

WAS IST ALBEDO?

Albedo nennt man den „Glanz" der Erdoberfläche in bestimmten Bereichen, der die örtliche Temperatur beeinflusst. Schnee und Eis reflektieren den größten Teil der Sonnenstrahlen, die Oberfläche bleibt kalt. Wälder und nackter Erdboden absorbieren Sonnenstrahlen, sie erwärmen sich leichter.

Gebiete, die von Eis und Schnee bedeckt sind, reflektieren einen Großteil der Sonnenstrahlen wieder in die Atmosphäre. Darum kann es dort kalt und gleichzeitig sonnig sein.

Waldgebiete haben eine niedrige Albedo – sie absorbieren einen Großteil der Sonnenstrahlen. Darum ist dort die Oberflächentemperatur relativ hoch.

WAS SIND KONVEKTIONSSTRÖMUNGEN?

Liegt kalte Luft über der erwärmten Erde, wird die Luft erwärmt. Dabei dehnt die Luft sich aus, wird weniger dicht (ihre Moleküle liegen nicht so eng beieinander) und steigt auf. Kühlere Luft aus der Umgebung nimmt den Platz der aufsteigenden Luft ein. Die erwärmte Luft kühlt in größerer Höhe ab, ihre Dichte nimmt zu. Diesen ständigen Austausch von warmer und kühler Luft nennt man Konvektionsströmung.

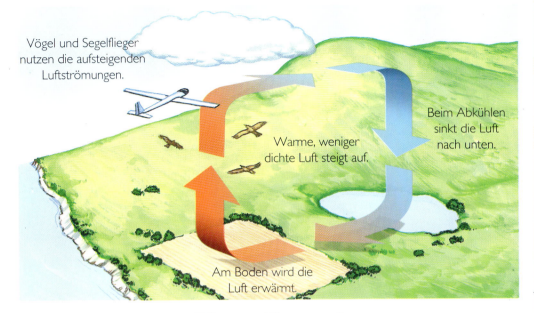

WAS IST THERMIK?

Thermik nennt man aufsteigende, warme Luftströmungen. Segelflieger nutzen die Thermik aus, um ihre Flugzeuge in größere Höhen zu bringen. Thermik kann sich verstärkt über bestimmten Flächen bilden, etwa über frisch gepflügten Feldern. Auch Vögel nutzen die Thermik, um in der Luft zu kreisen.

WARUM IST ES AUF BERGGIPFELN KALT?

Weil die Luft am Boden erwärmt wird und in größerer Höhe abkühlt, ist es auf Bergen immer kälter als im Tal.

Dass die Lufttemperatur auf Berggipfeln meist kalt ist, erkennt man an den Schneekappen. Auf den üppigen, grünen Wiesen am Fuß des Berges ist es deutlich wärmer.

Wusstest du …?

WAS WAR DIE HEISSESTE GEMESSENE TEMPERATUR?

1922 wurden in der Wüste Sahara in Libyen 58 °C gemessen.

WAS WAR DIE KÄLTESTE GEMESSENE TEMPERATUR?

Im Juli 1983 wurden bei einer meteorologischen Forschungsstation in der Antarktis -89 °C gemessen.

WIE WIRKT HITZE AUF MENSCHEN?

Untersuchungen in den USA haben ergeben, dass Mordfälle und Gewaltverbrechen auffallend zunehmen, wenn die Temperatur über 32 °C steigt.

WORAUS BESTEHT DIE FLÜSSIGKEIT IN EINEM THERMOMETER?

Thermometer sind mit Quecksilber oder gefärbtem Alkohol gefüllt. Beide Flüssigkeiten dehnen sich bei Erwärmung stark aus.

WER ERFAND DAS THERMOMETER?

Im 16. Jahrhundert baute Galileo Galilei ein einfaches Thermometer.

WAS IST EIN THERMOSTAT?

Ein Thermostat ist ein Gerät zur Regulierung der Heizung in einem Raum oder einem Gebäude.

WARUM MISST MAN DIE TEMPERATUR IM SCHATTEN?

Ein Thermometer, das in der Sonne hängt, zeigt falsche Werte an, weil es durch die warme Luft und zusätzlich durch die direkten Sonnenstrahlen erhitzt wird.

Wie entstehen die Jahreszeiten?

Wenn die Erde die Sonne umkreist, sind jeweils Teile der Erde der Sonne zu- oder abgewandt und erhalten dadurch unterschiedlich viel Wärme. Auf ihrer Kreisbahn steht die Erde immer etwas schräg. Eine Zeit lang ist die nördliche Halbkugel der Sonne zugewandt, dann ist dort Sommer. Zur gleichen Zeit ist die südliche Halbkugel der Sonne abgewandt, dort ist Winter. Nach sechs Monaten steht die Erde auf der anderen Seite der Sonne, dann sieht es umgekehrt aus. Dreht sich eine Halbkugel zur Sonne hin, beginnt dort der Frühling. Und dreht sie sich wieder weg, beginnt der Herbst.

DEZEMBER

Die Halbkugel, die von der Sonne abgewandt ist, hat kürzere, dunklere Tage und niedrigere Temperaturen. Dort herrscht Winter.

Ist eine Halbkugel der Sonne zugewandt, steht die Sonne hoch am Himmel. Die Tage sind lang und warm, es ist Sommer.

JUNI

Welche Jahreszeiten gibt es im gemässigten Klima?

Im Winter sind die Tage kurz, am Himmel hängen dunkle oder graue Wolken. Viele Bäume sind kahl, der Boden ist gefroren oder von Schnee bedeckt.

Im Frühling wird es wärmer. Blumen beginnen zu blühen, die Bäume bekommen wieder Blätter und Blüten. Die Sonne scheint öfter, es ist windig und regnet gelegentlich.

Im Sommer sind die Tage lang, oft scheint die Sonne. Es ist warm, die Pflanzen stehen in vollem Laub. Ab und zu gibt es Gewitter mit Regen.

Im Herbst wird es kühler, die Tage werden kürzer. In manchen Gegenden ist es um diese Zeit stürmisch. Die Blätter werden braun und fallen von den Bäumen.

Wo kann man um Mitternacht die Sonne sehen?

In der Nähe der Pole wird es wegen der schrägen Stellung der Erde in den Sommermonaten nie ganz dunkel. Das nördliche Skandinavien nennt man darum „Land der Mitternachtssonne". Im tiefen Winter bleibt es dort dafür Tag und Nacht dunkel.

In Gebieten, wo im Sommer die Sonne nicht ganz untergeht, sieht der Himmel um Mitternacht aus wie sonst im Morgengrauen. Bald steigt die Sonne wieder höher, es wird wieder heller.

Was ist eine Winterdepression?

Viele Menschen fühlen sich im Winter etwas müde, abgespannt und manchmal traurig. Das liegt an den langen, dunklen Tagen, dem unfreundlichen Wetter und den Auswirkungen von Erkältungen. Einige leiden aber auch an starken Beschwerden, die von Ärzten als SAD (Seasonal affective disorder = Saisonal Abhängige Depression) bezeichnet werden. Der Mangel an Sonnenlicht führt dazu, dass solche Menschen Depressionen, Schlaf- oder Essstörungen bekommen.

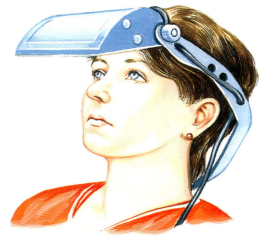

Manche Menschen mit Winterdepressionen benutzen eine Lichtdusche, um in den dunklen Wintermonaten Sonnenlicht zu simulieren. Dadurch wird dem Gehirn vorgegaukelt, die Tage seien länger. Die Behandlung ist sehr wirksam und hilft vor allem Patienten in Gebieten, in denen es im Winter kaum richtig hell wird.

Was ist eine Sonnenwende?

Wenn die Sonne ihren höchsten nördlichen oder südlichen Stand erreicht hat, sprechen wir von einer Sonnenwende. Die Sommersonnenwende der nördlichen Halbkugel findet statt, wenn die Sonne über dem nördlichen Wendekreis steht – am 20., 21. oder 22. Juni. Das ist der Sommeranfang. Die Wintersonnenwende (auf der südlichen Halbkugel Sommersonnenwende) ist am 21. oder 22. Dezember. Die Sommersonnenwende ist der längste Tag des Jahres, die Wintersonnenwende der kürzeste.

Man vermutet, dass auch uralte Völker die Bedeutung der Sonnenwenden kannten. Manche alten Monumente, z.B. Stonehenge in England (oben), sind so aufgebaut, dass die Sonne bei ihrem Aufgang am Tag der Sonnenwende genau zwischen bestimmten Teilen erscheint.

Wusstest du ...?

Wo gibt es heisse und kalte Jahreszeiten?

In den Bereichen zwischen den Polen und den Wendekreisen sind die Jahreszeiten warm bis heiß oder kalt.

Wo sind die Jahreszeiten nass und trocken?

Gebiete in der Nähe des Äquators kennen nur zwei Jahreszeiten: die Regenzeit und die Trockenzeit.

Woher hat der Herbst seinen Namen?

Das Wort Herbst stammt von einem altdeutschen Wort, das Ernte bedeutet. Das englische Wort harvest (Ernte) ist mit ihm verwandt.

Was sind Äquinoktien?

Als Äquinoktien bezeichnet man die beiden Tage im Jahr, an denen die Sonne genau über dem Äquator steht.

Wann sind die Äquinoktien?

Die Äquinoktien sind am 20. oder 21. März (Frühlingsanfang) und 22. oder 23. September (Herbstanfang).

Was geschieht an den Äquinoktien?

An diesen beiden Tagen im Jahr sind Tag und Nacht auf der ganzen Welt jeweils gleich lang.

WAS SIND KLIMAZONEN?

Als Klima bezeichnet man die über einen langen Zeitraum regelmäßig wiederkehrenden Wetterverhältnisse einer Region. Das Klima hängt von verschiedenen Faktoren ab, etwa der Lage der Region auf der Erdoberfläche und von der Höhe über dem Meeresspiegel. Warme Meeresströmungen beeinflussen das Klima an Land. Küstengebiete haben ein anderes Klima als Gebiete im Binnenland. Es gibt acht Haupt-Klimaarten, aber jede hat weitere Variationen.

WAS IST GEMÄSSIGTES KLIMA?

Man unterscheidet warm-gemäßigtes und kühl-gemäßigtes Klima. In kühl-gemäßigtem Klima regnet es während des ganzen Jahres, die Sommer sind warm und im Winter gibt es häufig Frost. Warm-gemäßigtes Kima hat milde, feuchte Winter, in denen es selten kälter als 4 °C wird. Die heißen, trockenen Sommer haben eine Durchschnittstemperatur von 20-27 °C.

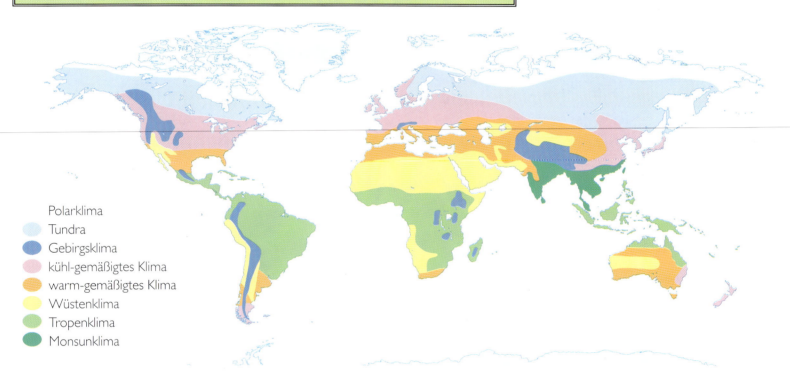

- Polarklima
- Tundra
- Gebirgsklima
- kühl-gemäßigtes Klima
- warm-gemäßigtes Klima
- Wüstenklima
- Tropenklima
- Monsunklima

WAS IST TROPENKLIMA?

In Gebieten mit Tropenklima ist es das ganze Jahr über warm (24-27 °C). Die Luftfeuchtigkeit ist sehr hoch und es regnet viel. Vor allem in den Gebieten nahe am Äquator fallen mindestens 150 cm Regen im Jahr?

WAS IST GEBIRGSKLIMA?

In den meisten Gebirgen der Welt unterscheidet sich das Klima stark von der umgebenden Landschaft. Die eisigen Gipfel des Himalaja beispielsweise sind umgeben von Wüsten und Regionen mit warm-gemäßigtem Klima und Monsunklima.

WAS IST EIN MIKROKLIMA?

Manche kleinen Gebiete haben ein sich von ihrer Umgebung unterscheidendes Mikroklima. Wegen der vielen Gebäude, Menschen und Fahrzeuge, die Wärme abgeben, haben z.B. große Städte ein Mikroklima. Sie erzeugen eine „Wärmeinsel", die über der Stadt liegt und die Temperatur gegenüber der Umgebung um bis zu 6 °C anheben kann.

Aufsteigende Warmluft kann Wolken und Regen verursachen.

Gebäude erzeugen und speichern viel Wärme.

Hohe Gebäude beeinflussen die Windrichtung.

Wusstest du ...?

HABEN INSELN EIN BESONDERES KLIMA?

Inselstaaten wie Neuseeland und England haben ein besonders kühles, gemäßigtes Klima, weil das umgebende Meer Wärme besser absorbiert und speichert als das Land.

SIND ALLE WÜSTEN HEISS?

Tundra-Gebiete haben sehr wenig Regenfälle und sehr niedrige Temperaturen. Man nennt sie manchmal kalte Wüsten.

WO AUF DER ERDE GIBT ES TUNDRAGEBIETE?

Tundraklima findet man im Norden Kanadas, in Teilen Skandinaviens und in Sibirien.

WO IST DER TROCKENSTE ORT DER ERDE?

In der Atacama-Wüste in Chile fallen im Jahr durchschnittlich nur 0,5 mm Regen.

WIRD ES AN DEN POLEN JEMALS WARM?

Polarklima ist sehr trocken und windig, vor allem aber außergewöhnlich kalt. Im Binnenland liegt die Temperatur fast ständig unter dem Gefrierpunkt, oft fällt sie bis -40 °C. Nur an den Küsten kann es im Sommer bis 10 °C warm werden.

Pinguine leben in den wärmsten Gebieten der Antarktis – an ihren Küsten.

WIE LEBEN MENSCHEN IM MONSUNKLIMA?

Teile von Indien und Südostasien haben Monsunklima. Hier kann sich die vorherrschende Windrichtung schnell ändern und einen plötzlichen Wechsel zwischen Trocken- und Regenzeit bringen. Die Trockenzeit ist extrem heiß, und die starken Monsunwinde vom Meer bringen schwere Regenfälle, oft ohne Vorankündigung. Solche Wetterextreme erschweren das tägliche Leben, weil Überschwemmungen, Schäden an Häusern, Krankheiten und Todesfälle häufig vorkommen.

KANN MAN EIN KLIMA KÜNSTLICH ERZEUGEN?

In einem Gewächshaus kann man die Bedingungen bestimmter Klimata nachbilden. Aus Glas und anderen Materialien kann man Räume bauen, in denen Licht und Wärme der Sonne verstärkt werden. Temperatur, Luftfeuchtigkeit und Luftbewegung lassen sich beeinflussen, sodass der Innenraum einem bestimmten Klima stark ähnelt.

In manchen Monsungebieten werden die Häuser zum Schutz vor Überschwemmungen auf Stelzen gebaut. Sie haben steile Dächer, von denen das Wasser schnell abfließt.

Das Eden-Projekt in England ist ein sehr großer botanischer Garten, der mit moderner Technik verschiedene Klimazonen der Welt simuliert.

VERÄNDERT SICH DAS KLIMA?

Seit die Erde vor etwa 4600 Millionen Jahren entstand, hat sich das Klima vielfach verändert. Auf der Erde war es sowohl schon viel heißer als auch viel kälter als heute. Zur Zeit der Dinosaurier hatten die Pole keine Eiskappen, es gab hauptsächlich Tropen- und Wüstenklima. Seitdem gab es mehrere Eiszeiten, in denen sich die Eiskappen der Pole ausgedehnt und bis zu einem Drittel der Erde bedeckt haben. Kleinere Klimaschwankungen und derart große Veränderungen wird es auch in Zukunft geben. Viele Menschen fürchten, dass die Umweltverschmutzung schlimme Auswirkungen auf das Klima der Erde haben wird.

Während der über 150 Millionen Jahre, als Dinosaurier auf der Erde lebten, war das Klima wärmer als heute. Vermutlich stapften die Saurier durch tropische Landschaften mit üppigen Pflanzen und gewaltigen Wäldern. Manche Forscher meinen, dass starke Klimaveränderungen – vielleicht durch den Einschlag eines Asteroiden – zum Aussterben der Dinosaurier geführt haben.

In der letzten Eiszeit war es auf der Erde viel kälter als jetzt. Am Ende dieser Eiszeit streiften Mammuts umher. Sie hatten ein dickes Fell, das sie vor der eisigen Kälte schützte.

WIE ENTSTEHT EINE EISZEIT?

Die Ursachen einer Eiszeit sind noch nicht geklärt. Manche Forscher vermuten, dass sich Winkel und Umlaufbahn der Erde verändert haben. Führt eine veränderte Umlaufbahn die Erde zu weit von der Sonne weg, wäre eine Eiszeit die Folge.

WAS IST EINE INTERGLAZIALPERIODE?

Inter bedeutet zwischen, glazial bedeutet Eiszeit. Eine Interglazialperiode ist die Zeit zwischen zwei Eiszeiten. Man vermutet, dass alle 100 000 Jahre eine Eiszeit auftritt. Die letzte endete vor 10 000 Jahren, die nächste könnte in 90 000 Jahren folgen.

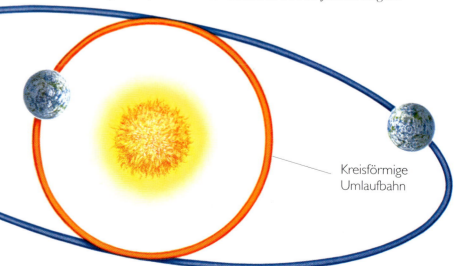

Elliptische Umlaufbahn

Kreisförmige Umlaufbahn

Wissenschaftler vermuten, dass die Umlaufbahn der Erde früher elliptischer war als heute. Auf ihrer elliptischen Bahn hat sich die Erde weiter von der Sonne entfernt und daher weniger Sonnenwärme erhalten. So könnten Eiszeiten entstanden sein.

Was verraten uns Bäume über das Klima?

Dendroklimatologen sind Forscher, die die Wachstumsringe uralter Bäume untersuchen, um Informationen über das Klima der Vergangenheit zu sammeln. Wenn ein Baum wächst, bilden sich Jahr für Jahr neue Schichten um die Mitte seines Stammes. In warmen, feuchten Jahreszeiten entstehen mehrere Schichten, die man als breiten Wachstumsring sehen kann. In kalten, trockenen Zeiten entstehen weniger Schichten, der Wachstumsring ist schmaler.

Breite Ringe entstehen in Zeiten mit feuchtwarmem Wetter.

Schmale Ringe zeigen ein trockenes, kühles Jahr an.

Was verraten Steine über Klimaveränderungen?

Fossilien in den Gesteinsschichten können etwas über das Klima vor Millionen von Jahren aussagen. Gestein, das viele verschiedene Fossilien enthält, ist in einer Zeit entstanden, als das Klima warm war. Wenige Fossilien deuten auf kälteres Klima hin. Steine, die Spuren von Gletschererosion zeigen, befanden sich während einer Eiszeit an der Erdoberfläche. Geologen können das Alter von Gesteinsschichten feststellen und so ermitteln, wann die Klimaveränderungen stattfanden.

Gestein mit vielen Fossilien zeigt warmes Klima an.

Eiszeit-Gestein trägt Spuren von Gletscherbewegungen.

Wie beeinflussen Vulkane das Klima?

Schwere Vulkanausbrüche haben unmittelbare Auswirkungen auf das Wetter der Welt. Staub wird in die Atmosphäre geschleudert und wirkt wie ein Schirm, der die Sonnenenergie ins All reflektiert. Als Folge davon können die Temperaturen auf der Erde etwas sinken, das Wetter kann für mehrere Jahre verändert werden.

Wodurch steigt der Meeresspiegel?

Steigende Temperaturen lassen aus zwei Gründen den Meeresspiegel steigen. Wärmeres Wasser hat eine geringere Dichte, darum dehnt es sich aus und steigt der Meeresspiegel. Gletscher schmelzen schneller, ihr Schmelzwasser fließt ins Meer und erhöht es.

Wusstest du …?

Wie kann die Erderwärmung das Wetter beeinflussen?

Die Erwärmung der ganzen Erde kann das Wetter der Zukunft verändern. In den Tropen wird es stärker regnen, schwere Überschwemmungen können die Folge sein. In trockenen Gebieten wird es noch weniger als zuvor regnen, dadurch dehnen sich die Wüsten aus und es entstehen weitere.

Seit wann beeinflussen die Menschen das Klima?

Die starke Verschmutzung der Erdatmosphäre begann, als sich im 19. Jahrhundert in vielen Ländern der Erde die Industrie entwickelte.

Wie stark wird sich die Erde erwärmen?

Die Schätzungen über die Erwärmung der Erde sind unterschiedlich. Die meisten Forscher meinen, dass die Durchschnittstemperatur der Erde bis zum Jahr 2030 um 2-4 °C steigen wird, wenn der Ausstoß von Treibhausgasen nicht extrem verringert wird.

WAS IST DIE ATMOSPHÄRE?

Die Atmosphäre der Erde ist eine 1000 km dicke Schicht aus Gasen, welche die Erde umhüllt. Ohne die Atmosphäre gäbe es weder Leben noch Wetter auf der Erde. Wissenschaftler unterteilen die Atmosphäre in fünf Schichten: Exosphäre, Thermosphäre, Mesosphäre, Stratosphäre und Troposphäre. Die Troposphäre ist der Erde am nächsten, und hier entsteht auch unser Wetter.

Auf einem Weltraumfoto der Erde kann man die Wettervorgänge in der Atmosphäre gut erkennen.

WAS GESCHIEHT IN DER TROPOSPHÄRE?

In der Troposphäre entsteht durch Luft, die sich aufheizt und wieder abkühlt, ständige Luftbewegung. Wenn Wasser in der Atmosphäre verdunstet und wieder kondensiert, bilden sich Wolken. Durch diese Bewegung von Luft, Wärme und Wasser entsteht das Wetter.

WIE DICK IST DIE TROPOSPHÄRE?

Die Dicke der Troposphäre ist über den verschiedenen Gebieten der Erde unterschiedlich. Am Äquator ist sie etwa 20 km dick, an den Polen nur etwa 10 km.

Gebirge können das Wetter stark beeinflussen.

Konvektion – die Luftbewegung, die das Wetter verursacht – findet nur in der Troposphäre statt.

Wasser ist in der ganzen Atmosphäre in Bewegung.

Die verschiedenen Wolkenarten entstehen in unterschiedlichen Höhen.

WAS LIEGT ÜBER DER TROPOSPHÄRE?

Direkt über der Troposphäre folgt die Stratosphäre. Sie ist wärmer als der äußere Teil der Troposphäre. Diese warme, relativ schwere Luft wirkt wie ein Deckel, der die Wolken in der Troposphäre festhält. In den folgenden Schichten wird die Luft immer dünner und dünner. Nur der untere Bereich der Troposphäre enthält genug Luft für uns Menschen zum Atmen.

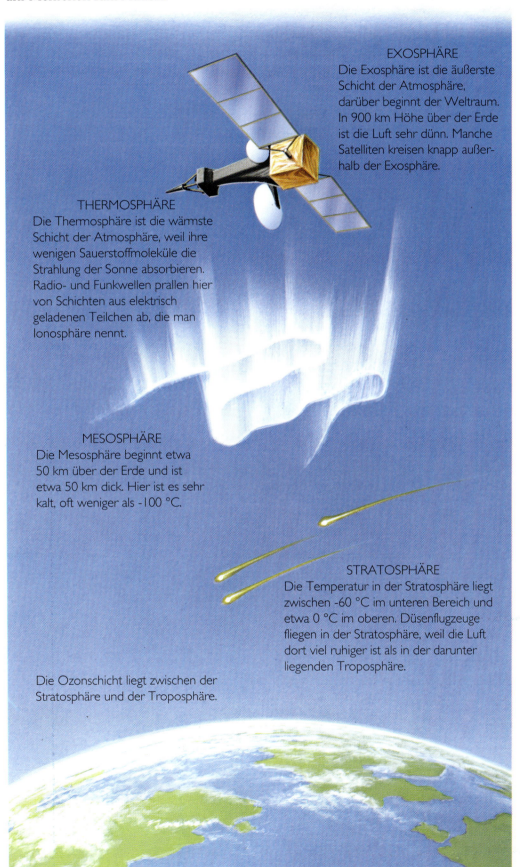

EXOSPHÄRE
Die Exosphäre ist die äußerste Schicht der Atmosphäre, darüber beginnt der Weltraum. In 900 km Höhe über der Erde ist die Luft sehr dünn. Manche Satelliten kreisen knapp außerhalb der Exosphäre.

THERMOSPHÄRE
Die Thermosphäre ist die wärmste Schicht der Atmosphäre, weil ihre wenigen Sauerstoffmoleküle die Strahlung der Sonne absorbieren. Radio- und Funkwellen prallen hier von Schichten aus elektrisch geladenen Teilchen ab, die man Ionosphäre nennt.

MESOSPHÄRE
Die Mesosphäre beginnt etwa 50 km über der Erde und ist etwa 50 km dick. Hier ist es sehr kalt, oft weniger als -100 °C.

STRATOSPHÄRE
Die Temperatur in der Stratosphäre liegt zwischen -60 °C im unteren Bereich und etwa 0 °C im oberen. Düsenflugzeuge fliegen in der Stratosphäre, weil die Luft dort viel ruhiger ist als in der darunter liegenden Troposphäre.

Die Ozonschicht liegt zwischen der Stratosphäre und der Troposphäre.

Wusstest du …?

WAS ENTDECKTE JAMES GLAISHER?
Der Wissenschaftler James Glaisher lebte im 19. Jahrhundert. Bei einer Reise in einem Heißluftballon beobachtete er, dass es immer kälter wurde, je höher er stieg.

WER WAR JOSEPH PRIESTLEY?
Der englische Chemiker Priestley entdeckte 1774, dass die Luft aus verschiedenen Gasen besteht.

WER WAR ANTOINE LAVOISIER?
Der französische Chemiker Lavoisier identifizierte ein Jahr nach Priestleys Entdeckung den Sauerstoff und gab ihm seinen Namen.

WIE VIEL SAUERSTOFF ENTHÄLT DIE LUFT?
Sauerstoff macht ca. 21% der Luft aus.

WO ERSCHEINEN METEORE?
Meteoriten sind Felsbrocken aus dem Weltraum, die in die Erdatmosphäre eindringen und als „Meteore" genannte Leuchterscheinungen in der Mesosphäre verglühen.

HABEN ANDERE PLANETEN AUCH EINE ATMOSPHÄRE?
Alle Planeten haben eine Atmosphäre, doch keine hat die gleichen Eigenschaften wie die der Erde.

WAS IST DIE TROPOPAUSE?
Die Tropopause ist die äußerste Schicht der Troposphäre, die an der Grenze zur Stratosphäre liegt.

WIE HOCH KANN EIN FLUGZEUG FLIEGEN?
Manche Militärflugzeuge können bis in die Exosphäre fliegen – buchstäblich am Rand des Weltraums.

WIE ENTSTEHT LUFTDRUCK?

Luftdruck entsteht, weil die Anziehungskraft der Erde auch die Atmosphäre anzieht. Weil er zudem durch die Temperatur beeinflusst wird, herrscht in verschiedenen Teilen der Erde unterschiedlicher Luftdruck. Außerdem ist er von der Höhe abhängig. Auf Höhe des Meeresspiegels ist er hoch, weil mehr Luft abwärts drückt als in hohen Gebirgen.

WIE ENTSTEHT EIN TIEFDRUCKGEBIET?

Warme Luft steigt nach oben und erzeugt so ein Gebiet mit niedrigem Luftdruck – ein Tiefdruckgebiet. Lässt die warme Luft das Wasser auf der Erdoberfläche verdunsten, können sich Wolken bilden. Diese bringen den Regen, den man mit einem Tiefdruckgebiet (oder „Tief") in Verbindung bringt.

Hoher Luftdruck
Herabsinkende Luft erhöht den Luftdruck auf der Erdoberfläche.
Die Luft auf der Erdoberfläche weicht in Gebiete mit niedrigerem Druck aus.

NIEDRIGER LUFTDRUCK
Aufsteigende warme Luft verringert den Luftdruck auf der Erdoberfläche.
Aus Gebieten mit höherem Druck strömt Luft nach.

WIE ENTSTEHT EIN HOCHDRUCKGEBIET?

Hochdruckgebiete entstehen dort, wo die Luft kalt ist. Die kalte Luft sinkt nach unten und erzeugt hohen Luftdruck. Dadurch werden die Luftmoleküle zusammengepresst und es entsteht Wärme. Wenn sich die Luft erwärmt, bringt sie meist warmes, schönes Wetter.

WIE WIRD DER LUFTDRUCK GEMESSEN?

Man misst den Luftdruck mit einem Barometer. Ein Quecksilberbarometer besteht aus einer Glasröhre, die in einer offenen Schale mit Quecksilber steht. Der Luftdruck drückt auch auf das Quecksilber, das dadurch in die Röhre gedrückt wird. Auf einer Skala an der Röhre kann man den Luftdruck ablesen. Quecksilberbarometer sind aber sperrig, und vor allem ist Quecksilber giftig. Darum verwendet man meist Aneroidbarometer. In ihrem Inneren befindet sich eine luftdicht verschlossene Vakuumkapsel, die mit einem Zeiger auf der runden Skala an der Vorderseite des Geräts verbunden ist. Steigt der Luftdruck, wird die Kapsel zusammengedrückt. Fällt er, dehnt sie sich aus. Diese Veränderungen zeigt der Zeiger auf der Skala an.

Aneroidbarometer

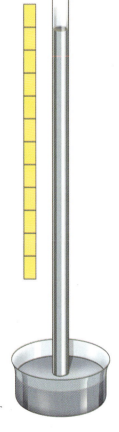
Quecksilberbarometer

WETTER UND KLIMA

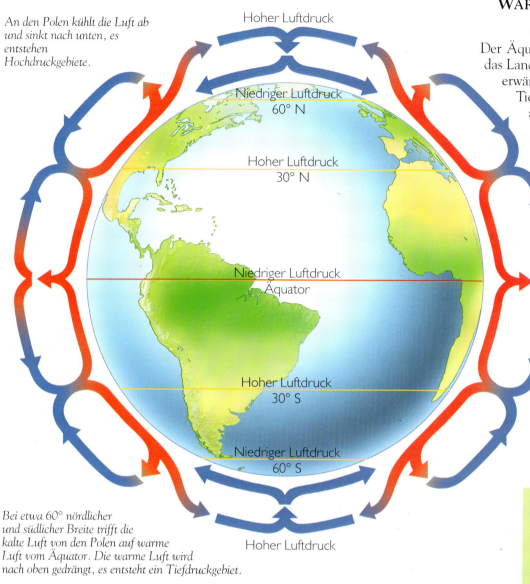

An den Polen kühlt die Luft ab und sinkt nach unten, es entstehen Hochdruckgebiete.

Bei etwa 60° nördlicher und südlicher Breite trifft die kalte Luft von den Polen auf warme Luft vom Äquator. Die warme Luft wird nach oben gedrängt, es entsteht ein Tiefdruckgebiet.

WARUM HERRSCHT AM ÄQUATOR NIEDRIGER LUFTDRUCK?

Der Äquator bekommt die meiste Sonnenwärme, das Land erhitzt sich stark. Dadurch wird die Luft erwärmt, sie steigt auf und erzeugt ein großes Tiefdruckgebiet. Man nennt diesen Bereich auch Intertropische Konvergenzzone.

Die warme Luft vom Äquator steigt auf, kühlt ab und sinkt auf etwa 30° nördlicher und südlicher Breite wieder ab. Hier bildet sich ein Streifen aus Hochdruckgebieten.

WO LIEGEN DIE WICHTIGSTEN HOCH- UND TIEFDRUCKGEBIETE?

In verschiedenen Teilen der Welt gibt es große Streifen aus Hoch- und Tiefdruckgebieten. Die Luft strömt aus den Gebieten mit hohem Luftdruck in Gebiete mit niedrigem Luftdruck. Diese ständige Bewegung beeinflusst die Wind- und Wetterverhältnisse der Erde.

WARUM HABEN MANCHE FLUGZEUGE DRUCKKABINEN?

Die meisten Düsenflugzeuge fliegen in einer Höhe mit extrem niedrigem Luftdruck. Er ist niedriger als der Druck im menschlichen Körper, darum könnten wir dort nicht atmen. Außerdem gibt es in dieser Höhe nur wenig Sauerstoff. Darum werden in den Fluggastkabinen der Flugzeuge die Druckverhältnisse auf der Erde simuliert.

Wusstest du ...?

WAS IST EIN HEKTOPASCAL?

Hektopascal ist die Einheit, mit der Meteorologen den Luftdruck messen.

WIE HOCH IST DER DURCHSCHNITTLICHE LUFTDRUCK?

Der durchschnittliche atmosphärische Luftdruck beträgt 1013 hPa.

WAS SIND ISOBAREN?

Isobaren nennt man die Linien auf Wetterkarten, die Gebiete mit gleichem Luftdruck darstellen.

WER WAR EVANGELISTA TORRICELLI?

Torricelli war ein italienischer Wissenschaftler, der 1643 das Quecksilberbarometer erfand.

WAS IST EINE WETTERFRONT?

Ständig bewegen sich wirbelnde Luftmassen mit hohem und niedrigem Druck über die Erde. Wenn zwei Luftmassen mit unterschiedlichen Merkmalen aufeinander treffen, vermischen sie sich nicht, sondern es bildet sich eine Grenze zwischen ihnen. Diese Grenze nennt man Front. Auf der Erde bemerken wir das Nahen einer solchen Front an starken Veränderungen des Wetters.

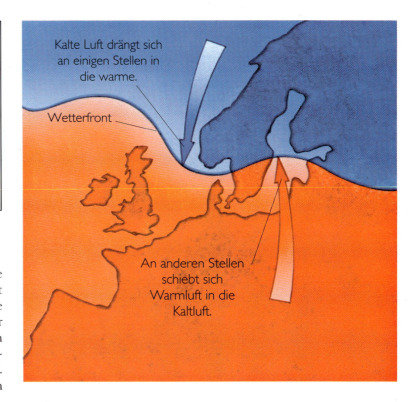

WAS PASSIERT, WO LUFTMASSEN SICH TREFFEN?

Wenn verschiedenartige Luftmassen sich treffen, kann durch die Unterschiede des Luftdrucks zweierlei geschehen. Entweder drängt sich die warme Luft in die kalte oder die kalte Luft schiebt sich in die warme. In beiden Fällen schiebt sich die warme Luft sehr schnell über die kalte, dadurch entsteht ein Tiefdruckgebiet, das man Depression nennt. Das Wetter in solchen Gebieten ist unbeständig – ganz besonders, wenn die Unterschiede in Luftdruck und Temperatur groß sind. Depressionen können große Gebiete bedecken, ziehen aber meist in weniger als einem Tag vorbei.

WAS SIND DIE WICHTIGSTEN LUFTMASSEN?

Es gibt vier große Luftmassen, die über verschiedenen Teilen der Erde liegen. Die tropisch-maritime Masse ist warm und feucht. Die tropisch-kontinentale Masse ist heiß und trocken. Die polar-kontinentale Masse ist kalt und trocken und die polar-maritime Masse ist kalt und feucht. Diese Luftmassen werden in großer Höhe vom Wind umhergeblasen. Ihr Zusammenwirken hat großen Einfluss auf das Wetter. Welches Wetter herrscht, hängt von der Art der Luftmasse ab. Tropische Luftmassen bringen feuchtwarmes Wetter, polare Luftmassen bringen Schnee. Wo diese Massen aufeinander treffen, ist das Wetter sehr unbeständig.

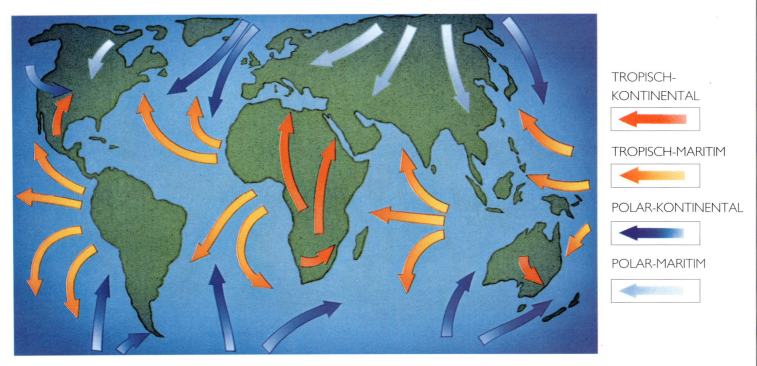

WAS GESCHIEHT AN EINER WARMFRONT?

Wie der Name verrät, liegt hinter einer Warmfront eine warme, feuchte Luftmasse. Die warme Luft steigt über die kalte Luft, entlang der Front bilden sich Wolken. Von der Erde aus erkennt man eine nahende Warmfront an den hohen, luftigen Zirrus-Wolken und manchmal leichtem Regen. Wenn die Warmfront vorübergezogen ist, folgt meist eine kurze Zeit mit trockenem Wetter.

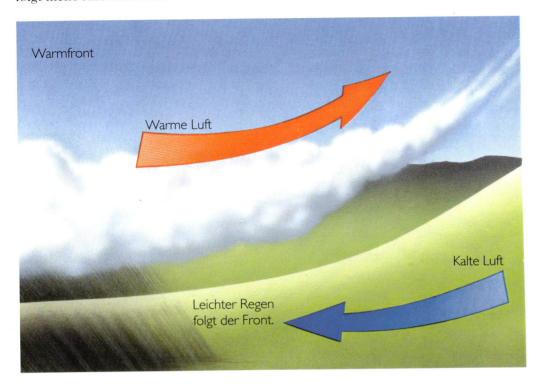

WAS GESCHIEHT AN EINER KALTFRONT?

Einer Kaltfront folgt eine Masse kalter Luft. Dicke, dunkle Wolken, starker Regen und manchmal starke Stürme lassen nicht auf sich warten. Von der Seite gesehen ist eine Kaltfront viel steiler als eine Warmfront. Die kalte Luft schiebt sich unter die warme. Aufsteigender Wasserdampf kondensiert und bildet Regenwolken. Wenn die Front vorüberzieht, regnet es meist in Schauern.

Wusstest du …?

WAS IST EINE OKKLUSION?

Wenn eine Kaltfront eine Warmfront einholt, schiebt sich die kalte Luft unter die warme und hebt sie an. Dadurch entsteht eine Okklusion, die dicke Wolken und sehr starke Regenfälle bewirken kann.

WAS IST EINE BÖ?

Die plötzlichen, oft heftigen Windstöße, die eine Kaltfront begleiten, nennt man Böen. Der Böenkragen ist die scharfe Linie, die manchmal an der Front zu sehen ist.

WAS IST EIN HOCHDRUCKKERN?

Als Hochdruckkern bezeichnen Meteorologen ein Gebiet mit kreisender, sinkender Luft und hohem Luftdruck. Ein Hochdruckkern bringt oft leichten Wind und freundlichen, klaren Himmel.

WAS IST EIN TIEFDRUCKKERN?

Ein Tiefdruckkern ist ein Gebiet mit kreisender, aufsteigender Luft und niedrigem Luftdruck. Der Wind ist meist stärker, außerdem gibt es häufig Wolken, Regen und Schnee.

DREHEN SICH TIEFDRUCK- UND HOCHDRUCKKERNE IN DIE GLEICHE RICHTUNG?

Auf der Nordhalbkugel kreist die Luft in einem Hochdruckkern im Uhrzeigersinn und in einem Tiefdruckkern gegen den Uhrzeigersinn. Auf der Südhalbkugel ist es umgekehrt.

WAS IST DAS BUYS-BALLOT'SCHE GESETZ?

Steht man auf der Nordhalbkugel mit dem Rücken zum Wind, so ist der Luftdruck auf der linken Seite niedriger als auf der rechten. Auf der Südhalbkugel ist es umgekehrt. Das entdeckte der holländische Meteorologe Christian Buys-Ballot.

WIE ENTSTEHT WIND?

Wind entsteht durch Unterschiede im Luftdruck und der Temperatur. Er weht immer aus Gebieten mit hohem Druck in Bereiche mit niedrigem Druck. Aufsteigende Warmluft erzeugt ein Tiefdruckgebiet. In den frei werdenden Raum strömt kühlere Luft nach. Je größer der Luftdruckunterschied, desto stärker ist der Wind.

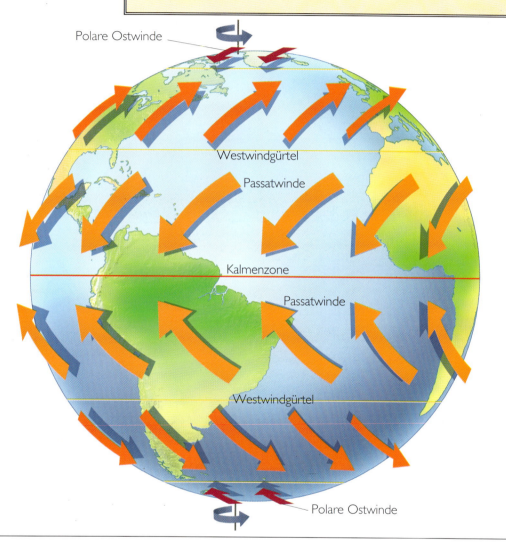

Polare Ostwinde
Westwindgürtel
Passatwinde
Kalmenzone
Passatwinde
Westwindgürtel
Polare Ostwinde

WAS IST DER CORIOLIS-EFFEKT?

Die Luftbewegung, die den Wind erzeugt, sucht den direktesten Weg zwischen verschiedenen Druckgebieten. Sie wird dabei aber durch die Erddrehung abgelenkt. Diese Ablenkung nennt man den Coriolis-Effekt. Auf der nördlichen Erdhalbkugel werden die Winde nach rechts aus ihrer Richtung gedrängt, auf der südlichen Halbkugel werden sie nach links abgelenkt.

WAS SIND BESTÄNDIGE WINDE?

Beständige Winde wehen in bestimmten Gebieten immer. Sie entstehen durch heiße Luft, die vom Äquator nach Norden und Süden strömt, und durch kalte Luft, die von den Polen wegströmt. Die beständigen Winde sind die polaren Ostwinde im äußersten Norden und Süden der Erde, die Westwinde im Westwindgürtel, der jeweils zwischen 30° und 60° nördlicher und südlicher Breite liegt, sowie die Passatwinde, die beiderseits des Äquators aus dem Nordosten bzw. Südosten wehen.

WAS IST DER FRÖSTELFAKTOR?

Der Wind kann dafür sorgen, dass sich die Lufttemperatur kälter anfühlt, als sie wirklich ist. Normalerweise ist der Körper mit einer dünnen, erwärmten Luftschicht umgeben, die ihn isoliert. Starker Wind kann diese Luftschicht wegblasen, sodass man leichter friert. Das bezeichnet man als Fröstelfaktor. Bei einer Windgeschwindigkeit von 9 km/h fühlt sich eine Lufttemperatur von 0 °C an wie -3 °C. Weht der Wind mit 15 km/h, fühlt sich die Luft an wie -10 °C.

Menschen, die in eisigen Gebieten leben, tragen zur Isolierung vor Kälte und Wind meist mehrere Schichten Kleidung übereinander.

WAS IST AUFLANDIGER WIND?

An heißen, sonnigen Tagen weht an der Küste der Wind vom Meer her. Weil Land und Meer sich unterschiedlich schnell aufheizen und abkühlen, entstehen Luftströmungen. Das Land erhitzt sich schneller als das Wasser, dadurch entsteht ein Tiefdruckgebiet, in das kühle Luft vom Meer strömt. Dieser Wind kann bis zu 30 km/h schnell wehen und eine andere Richtung haben als der vorherrschende Wind.

WAS IST ABLANDIGER WIND?

Ablandiger Wind weht nachts, wenn das Land schneller abkühlt als das Meer. Die kalte Luft über dem Land sinkt ab und drängt gegen das Tiefdruckgebiet über dem Wasser. Ablandiger Wind ist meist schwächer als auflandiger, weil nachts der Temperaturunterschied zwischen Meer und Land nur gering ist. Auf- und ablandiger Wind sorgen dafür, dass sich das Küstenklima vom Klima des Binnenlandes unterscheidet.

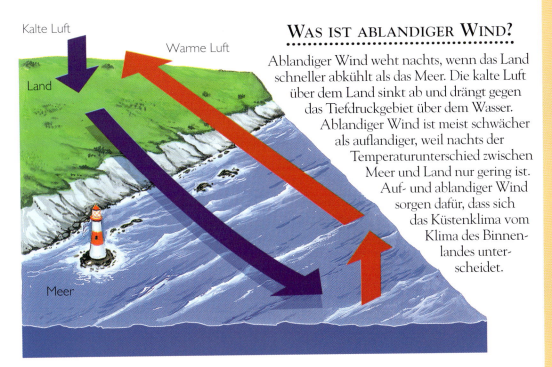

WIE ARBEITEN WINDMÜHLEN?

Normalerweise sind Windmühlen nach der vorherrschenden Windrichtung ausgerichtet, meist kann man sie aber auch verstellen, wenn der Wind dreht. Bei manchen lässt sich der ganze Mühlenkopf drehen, bei anderen sind die Flügel verstellbar, um den Wind gut zu nutzen. Einige Windmühlenflügel haben hölzerne Lamellen, die auf den Winddruck reagieren. Frischt der Wind auf, öffnen sie sich, flaut er ab, schließen sie sich. So wird der Winddruck auf die Flügel konstant gehalten.

Wusstest du …?

WARUM WAREN DIE PASSATWINDE SO WICHTIG?

Ehe es Dampfschiffe gab, nutzten die Segelschiffe die Passatwinde und die von ihnen verursachten Meeresströmungen (Passatdriften) für die langen Überfahrten zwischen Europa und Amerika.

WAS SIND DIE KALMEN?

Die Kalmen sind ein Bereich entlang des Äquators, wo die Passatwinde aufeinander treffen. In den Kalmen herrscht sehr oft Windstille. Die Handelssegler dümpelten hier oft lange Zeit und trieben nur langsam auf die Zonen der Passatwinde zu.

WAS SIND ÖRTLICHE WINDE?

Örtliche Winde sind beständige Winde, die in einem bestimmten Gebiet wehen. Ablandige und auflandige Winde gehören dazu, aber auch einige Winde mit speziellen Namen. Der Mistral ist ein kalter Nordwind, der zeitweise an Frankreichs Mittelmeerküste weht. Der Chinook ist ein Südwind, der in Nordamerika entlang der Rocky Mountains weht.

WAS IST EIN JETSTREAM?

Als Jetstream bezeichnet man ein schmales Starkwindband, das mit durchschnittlich 200 km/h im Grenzbereich zwischen Troposphäre und Stratosphäre weht. Diese Bänder bewegen große Luftmassen und haben darum große Bedeutung für das Wetter.

WAS IST EIN WINDSACK?

Auf kleinen Flughäfen werden Stoffbeutel an Masten aufgehängt, um Piloten Windstärke und -richtung anzuzeigen. Bei starkem Wind füllt sich der Windsack mit Luft und zeigt in die Richtung, in die der Wind weht. Hängt der Windsack schlaff herab, herrscht fast kein Wind.

WIE MISST MAN DIE WINDSTÄRKE?

Die Stärke des Windes kann von leichtem Luftzug bis zu schwerem Sturm reichen. Vor allem auf dem Meer und an der Küste ist es für die Sicherheit von Menschen und Besitz wichtig, die Windstärke und ihre Auswirkungen zu kennen. 1805 entwickelte Sir Francis Beaufort eine Skala zur Bestimmung der Windstärke durch Beobachtung der Umgebung. Man nennt sie die Beaufort-Skala.

BEAUFORT-SKALA

Die Skala wurde ursprünglich für Segelschiffe entwickelt. An der Auswirkung des Windes auf Takelage und Wellen sollten die Seeleute seine Stärke ablesen können. Damit konnten sie besser entscheiden, wie sie ihre Segel einsetzen mussten, um so schnell wie möglich vorwärts zu kommen, aber doch sicher zu fahren. Den 12 Stufen wurden später auch Beobachtungen an Land zugeordnet.

STÄRKE 1
Leiser Zug: Rauch zeigt die Windrichtung an. Windgeschwindigkeit: ca. 3 km/h

STÄRKE 2
Leichte Brise: Blätter säuseln. Windgeschwindigkeit: ca. 9 km/h

STÄRKE 3
Schwache Brise: Wind streckt einen Wimpel. Windgeschwindigkeit: ca. 15 km/h

WARUM WERDEN MANCHE BRÜCKEN BEI STARKEM WIND GESPERRT?

Bei starkem Wind werden einige Brücken aus Sicherheitsgründen gesperrt. Zwar sind auch schon Brücken bei Sturm zusammengebrochen, doch meist ist nicht ihre Stabilität das Problem. Gefahr besteht vielmehr für die Fahrzeuge, vor allem Lastwagen und Wohnwagengespanne. Auf hohen Brücken sind sie dem Wind stärker ausgesetzt und können umstürzen oder von der Brücke geweht werden.

STÄRKE 7
Steifer Wind: Bäume schwanken, Mülltonnen werden umgekippt. Windgeschwindigkeit: ca. 55 km/h

STÄRKE 8
Stürmischer Wind: bricht Zweige von Bäumen. Widerstand beim Gehen zu spüren. Windgeschwindigkeit: ca. 70 km/h

WANN RICHTET WIND SCHÄDEN AN GEBÄUDEN AN?

Sturmschäden an Gebäuden hängen auch von Bauart und Lage ab, allgemein treten Schäden aber ab Windstärke 9 auf. Schornsteinköpfe und Dachziegel sind besonders gefährdet.

Die Severn Bridge zwischen England und Wales wird (wie die Fehmarnsundbrücke in Norddeutschland) ab Windstärke 7 gesperrt. Das zeigt, wie sehr der Wind das tägliche Leben beeinflussen kann.

WETTER UND KLIMA

WIE FUNKTIONIERT EIN DRACHEN?

Drachen nutzen die Kraft des Windes zum Fliegen. Ein Drachen mit einer oder mehr Schnüren lenkt die Kraft des Windes nach unten. Dadurch entsteht eine Kraft, die in entgegengesetzter Richtung zum Zug der Schnüre wirkt und den Drachen in der Luft hält. Es gibt verschiedene Drachenformen für unterschiedliche Windstärken.

Es macht Spaß, mit einem Drachen die Kraft des Windes zu nutzen.

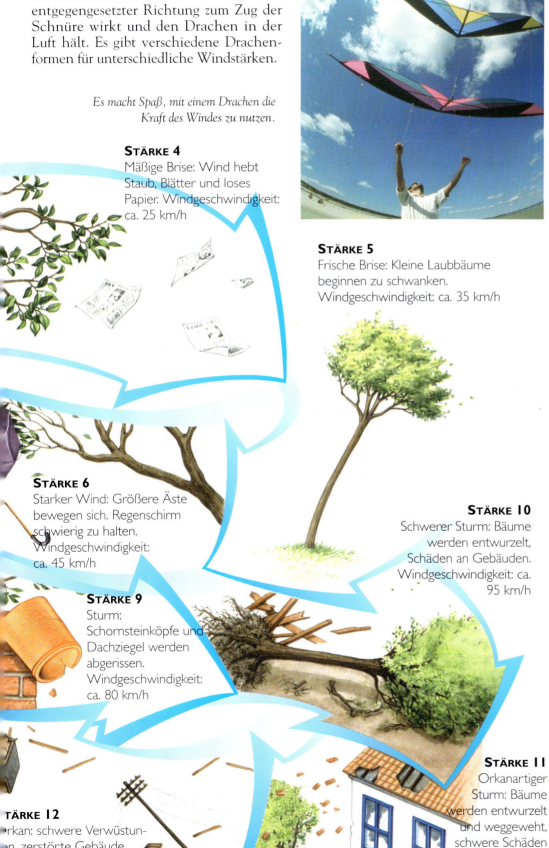

STÄRKE 4
Mäßige Brise: Wind hebt Staub, Blätter und loses Papier. Windgeschwindigkeit: ca. 25 km/h

STÄRKE 5
Frische Brise: Kleine Laubbäume beginnen zu schwanken. Windgeschwindigkeit: ca. 35 km/h

STÄRKE 6
Starker Wind: Größere Äste bewegen sich. Regenschirm schwierig zu halten. Windgeschwindigkeit: ca. 45 km/h

STÄRKE 9
Sturm: Schornsteinköpfe und Dachziegel werden abgerissen. Windgeschwindigkeit: ca. 80 km/h

STÄRKE 10
Schwerer Sturm: Bäume werden entwurzelt, Schäden an Gebäuden. Windgeschwindigkeit: ca. 95 km/h

STÄRKE 11
Orkanartiger Sturm: Bäume werden entwurzelt und weggeweht, schwere Schäden an Gebäuden. Windgeschwindigkeit: ca. 110 km/h

STÄRKE 12
Orkan: schwere Verwüstungen, zerstörte Gebäude, entwurzelte Bäume. Windgeschwindigkeit: über 118 km/h

WAS IST EIN ANEMOMETER?

Anemometer sind Geräte zur Messung der Windgeschwindigkeit. Frühe Modelle bestanden aus einer Kugel an einem beweglichen Arm, der auf einer Skala die Windstärke anzeigte. Heute bestehen Anemometer aus drei oder mehr Schalen, die an Speichen auf einer drehbaren Achse befestigt sind. Ein Mechanismus innerhalb der Stange, die das Gerät trägt, zählt die Umdrehungen in einem bestimmten Zeitraum. Windgeschwindigkeiten werden in Metern pro Sekunde, Kilometern pro Stunde oder Seemeilen pro Stunde (Knoten) angegeben.

Anemometer haben drei oder vier Schalen.

Wusstest du …?

WER ERFAND DIE DRACHEN?
Die Drachen wurden vermutlich um 500 v. Chr. in China erfunden.

WANN WURDE DAS ANEMOMETER ERFUNDEN?
Das erste moderne Anemometer wurde 1846 gebaut.

WARUM IST ES AUF SEE SO WINDIG?
Der Wind ist auf dem Wasser stärker, weil es dort keine Hindernisse gibt, die ihn brechen oder ablenken.

WAS IST WINDSTILLE?
Wenn gar kein Wind herrscht, ist es windstill – Stärke 0 auf der Beaufort-Skala.

WAS WAR DIE HÖCHSTE WINDGESCHWINDIGKEIT?
Die Rekord-Windgeschwindigkeit von 371 km/h wurde 1934 in New Hampshire in den USA gemessen.

Was ist ein Hurrikan?

Hurrikane sind gewaltige Wirbelstürme mit Windgeschwindigkeiten bis zu 300 km/h. Starker Wind und heftige Regenfälle können schwere Überschwemmungen und Schäden an Gebäuden verursachen. Hurrikane nennt man die zerstörerischen Wirbelstürme im Atlantikgebiet. Im Pazifik heißen sie Taifun und im Indischen Ozean Zyklon.

Hurrikane können Bäume entwurzeln, Autos umkippen und Gebäude zerstören.

Wie entsteht ein Hurrikan?

Wirbelstürme entstehen, wenn feuchte Luft über dem Meer durch Wärme in Bewegung versetzt wird. Vermutlich wird Luft in das Zentrum eines Gebiets mit sehr niedrigem Druck gesaugt, sodass starker Oberflächenwind entsteht. Die Luft strömt in einer schnellen Spiralbewegung in die Höhe. Dabei nimmt sie Wasserdampf mit, der mächtige Kumulonimbus-Wolken bildet. Es entsteht Wärme, welche die Luft und damit den Wind immer stärker und stärker beschleunigt.

Wo treten Hurrikane auf?

Hurrikane gibt es nur in den Tropen, jeweils zwischen 5° und 20° nördlich und südlich des Äquators. Nur hier sind die Temperaturen und die Luftfeuchtigkeit so hoch, dass Hurrikane sich entwickeln können. Sie bilden sich, wenn die Wassertemperatur über 27 °C ansteigt. Die Südostküste der USA und Südostasien sind häufig durch Hurrikane bedroht.

Um das Zentrum eines Hurrikans bilden sich gewaltige Ringe aus Kumulonimbus-Wolken.

Im Zentrum steigt die Luft in einer schnell wirbelnden Spirale auf.

Wenn ein Hurrikan auf die Küste zurast, werden die Menschen evakuiert, die Straßen liegen verlassen da.

Was geschieht im Auge eines Hurrikans?

Im Zentrum eines Hurrikans befindet sich eine Luftsäule von 30-50 km Durchmesser, die man das „Auge" nennt. Hier sinkt die Luft langsam ab, der Wind ist relativ schwach. Zieht das Auge über ein Gebiet, ist der Himmel dort klar, der Regen hört auf und es ist einen Moment lang fast windstill. Am Rand des Auges kann der Wind Geschwindigkeiten von 240 km/h erreichen. Je kleiner das Auge wird, desto stärker wird dieser Wind.

WETTER UND KLIMA

WIE WERDEN HURRIKANE ENTDECKT?

Meteorologen werten Satellitenbilder aus, um festzustellen, wo sich Hurrikane bilden. Die Zugrichtung eines Hurrikans wird durch den Wind in großer Höhe und durch die Richtung warmer Meeresströmungen bestimmt. Wissenschaftler versuchen, den Weg des Wirbelsturms zu berechnen und die Bewohner der bedrohten Gebiete rechtzeitig zu warnen.

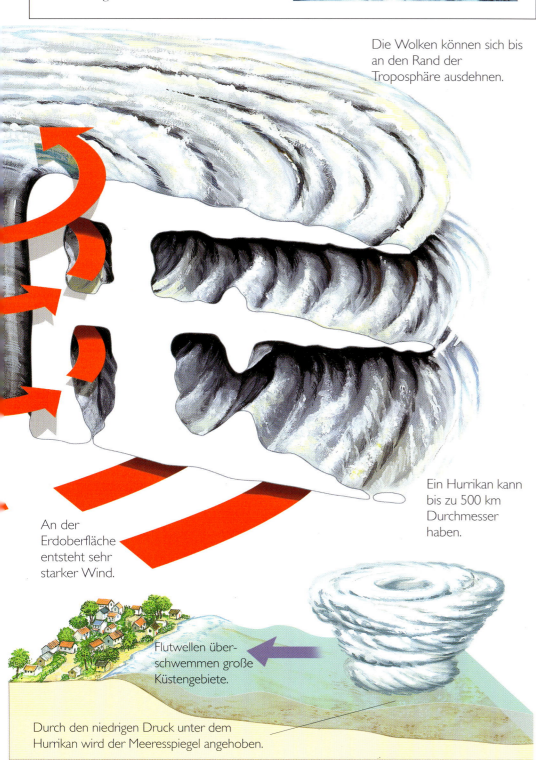

Die Wolken können sich bis an den Rand der Troposphäre ausdehnen.

Ein Hurrikan kann bis zu 500 km Durchmesser haben.

An der Erdoberfläche entsteht sehr starker Wind.

Flutwellen überschwemmen große Küstengebiete.

Durch den niedrigen Druck unter dem Hurrikan wird der Meeresspiegel angehoben.

Wusstest du …?

WIE WERDEN HURRIKANE BENANNT?

Für jedes Jahr wird eine alphabetische Liste mit Vornamen aufgestellt, männliche und weibliche abwechselnd. Ein neuer Hurrikan erhält einfach den nächsten Namen auf der Liste.

HABEN ALLE HURRIKANE DIE GLEICHE DREHRICHTUNG?

Auf der nördlichen Erdhalbkugel wirbelt die Luft gegen den Uhrzeigersinn, auf der südlichen dreht sie sich im Uhrzeigersinn.

WAS GESCHAH IM HURRIKAN FLOYD?

Der Hurrikan Floyd zog 1987 bis nach Großbritannien und richtete dort große Schäden an.

WANN WIRD AUS EINEM STURM EIN HURRIKAN?

Wenn die Windgeschwindigkeit 199 km/h überschreitet, spricht man von einem Hurrikan.

WER WAR CLEMENT WRAGGLE?

Clement Wraggle gab Hurrikanen als erster Forscher Namen.

WAS IST EINE STURMFLUT?

Ein großer Teil der Zerstörungen eines Hurrikans droht vom Meer. Durch den niedrigen Luftdruck im Auge wird auch das Meerwasser angesaugt und der Meeresspiegel manchmal bis zu 6 Meter angehoben. Gleichzeitig peitscht der starke Wind haushohe Wellen auf. Hochwasser und Wellen rasen als Sturmflut auf die Küste zu, dringen kilometerweit ins Land vor und zerstören Häuser, Bäume und alles andere, was in ihrem Weg liegt.

Was ist ein Tornado?

Bei schweren Gewittern bilden sich manchmal gewaltige Trichter aus Luft, die man Tornados nennt. Die Windgeschwindigkeit in diesen Trichtern kann über 500 km/h betragen. Erreichen sie die Erde, wirbeln sie Staub und Sand auf. Die aufsteigende Luft im Inneren des Trichters saugt Gegenstände in die Höhe, entwurzelt Bäume und zerstört Gebäude.

Wie viel Schaden kann ein Tornado anrichten?

Sieben von zehn Tornados werden als „schwach" eingestuft, weil sie nicht viel Schaden anrichten. Die restlichen drei sind verheerend. Ein schwerer Taifun kann ein solide gebautes Haus dem Erdboden gleich machen und einen voll beladenen Lastwagen in die Luft heben.

Wann wütete der schwerste Tornado?

Im März 1925 raste ein Tornado durch die Staaten Indiana, Missouri und Illinois und kostete 689 Menschenleben.

Wo gibt es besonders viele Tornados?

Tornados kommen vor allem in den USA vor. Zwar war fast jeder Bundesstaat schon einmal betroffen, doch besonders gefährdet sind die großen Ebenen von Missouri, Kansas und Texas. Aus diesem Grunde nennt man diese Region „Tornado Alley".

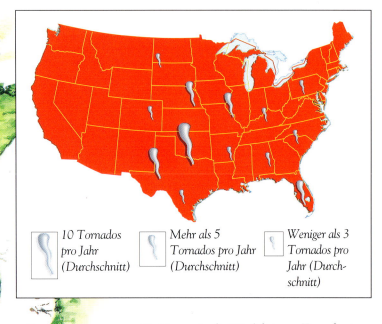

10 Tornados pro Jahr (Durchschnitt)

Mehr als 5 Tornados pro Jahr (Durchschnitt)

Weniger als 3 Tornados pro Jahr (Durchschnitt)

Die Karte zeigt die Häufigkeit von Tornados in den besonders gefährdeten Gebieten der USA.

WIE WERDEN TORNADOS EINGEORDNET?

Die Stärke von Tornados wird anhand der Schäden, die sie anrichten, mit der Fujita-Skala eingeordnet. Sie hat sechs Stufen. Ein Tornado der Stärke F0 hat Windgeschwindigkeiten von 64-117 km/h und richtet wenig Schaden an. Ein Tornado der Stärke F5 hat Windstärken über 417 km/h und verwüstet alles.

F1: Kleine Schäden an Gebäuden, umgestürzte Autos.

F2: Große Bäume werden vom Sturm entwurzelt.

F3: Schwere Schäden an Gebäuden

F5: Totale Zerstörung von Gebäuden.

Wusstest du …?

KANN MAN TORNADOS VORHERSAGEN?

Forscher können Vermutungen über die Wahrscheinlichkeit eines Tornados anstellen, aber keine genauen Vorhersagen über Ort und Zeitpunkt machen. Viele Menschen werden erst vor einem Tornado gewarnt, wenn er bereits nahe ist. So haben sie kaum Zeit, Schutz zu suchen.

WAS IST EINE SUPERZELLE?

Superzellen nennt man die gewaltigen Gewitterwolken, unter denen sich oft Tornados bilden. Außer diesen gefährlichen Windtrichtern produzieren sie manchmal auch Hagelkörner in der Größe von Tennisbällen.

WAS SIND STAUBTEUFEL?

Staubteufel entstehen ähnlich wie Tornados, sind aber längst nicht so gefährlich. In heißen, trockenen Gebieten saugen sie Staub und Sand trichterförmig in die Höhe.

Kalte, trockene Luft

Eine wirbelnde Luftsäule erstreckt sich von der Erde bis zu den dicken Wolken.

Warme, feuchte Luft

WIE ENTSTEHT EIN TORNADO?

Ein Tornado entsteht wie der Wassertrichter im Ablauf des Waschbeckens. Wenn das Wasser abfließt, bildet sich im Loch ein Sog nach unten, dadurch entsteht ein Strudel. Das Wasser wird nach unten gezogen und beginnt zu kreiseln. Je schneller es kreiselt, desto tiefer wird der Trichter. In einem Tornado geschieht das Gleiche mit Luft. Große Gewitter bilden sich, wenn warme Luft von der Erde aufsteigt. Dabei entsteht ein Sog, und ist dieser Sog stark genug, bildet sich unter der Wolke ein Trichter aus wirbelnder Luft. Je schneller er wirbelt, desto länger wird er, bis er schließlich die Erde erreicht.

GIBT ES TORNADOS NUR AN LAND?

Ein Wasserhose ist ein Tornado über dem Wasser. Sie sieht manchmal aus wie ein Wasserfall auf dem Meer, besteht aber aus Wassertröpfchen, die in die Luft gesaugt werden. Wasserhosen sind selten so stark wie Tornados. Ihre Windgeschwindigkeit kann aber mehr als 400 km/h erreichen und für Schiffe eine ernste Gefahr darstellen.

WIE ENTSTEHT EIN GEWITTER?

Gewitter entstehen an heißen, feuchten Tagen. Warme, feuchte Luft steigt nach oben und kühlt dort schnell ab – so bilden sich große Wolken. Durch die starke Luftbewegung im Inneren der Wolken prallen Tröpfchen aus Wasser und Eis zusammen. Dabei werden elektrisch geladene Teilchen freigesetzt, in der Wolke bildet sich statische Elektrizität. Diese enorme Energie wird schließlich in Form von Blitz und Donner freigesetzt.

Leichte, positiv geladene Teilchen im oberen Teil der Wolke

WAS IST DONNER?

Donner entsteht, wenn ein Blitz große Hitze erzeugt. Die Luft rings um den Blitz wird sehr stark erhitzt – bis auf 30 000° C. Dabei dehnt sie sich schneller als der Schall aus. Durch diese schnelle Ausdehnung der Luft entsteht das Geräusch des Donners.

WIE ENTSTEHT EIN BLITZ?

Innerhalb der Gewitterwolke werden positiv und negativ geladene Teilchen frei. Die positiv geladenen Teilchen sammeln sich im oberen Bereich, die negativ geladenen im unteren. Auf dem Erdboden bildet sich positive Ladung, und die negative Ladung im unteren Teil der Wolke entlädt sich mit einem Blitz zur Erde.

Negativ geladene Teilchen im unteren Teil der Wolke

WIE FUNKTIONIERT EIN BLITZABLEITER?

Die Energie eines Blitzes kann Gebäude zerstören und Brände auslösen. Um das zu vermeiden, haben viele hohe Gebäude einen Blitzableiter. Trifft der Blitz das Gebäude, wird seine elektrische Energie durch den Blitzableiter am Gebäude entlang in die Erde abgeleitet, wo sie keinen Schaden anrichtet.

Durch die negative Ladung im unteren Bereich der Wolke lädt sich der Erdboden positiv auf.

WAS SIND BLITZ UND WETTERLEUCHTEN?

Ein Blitz entsteht immer dann, wenn zwischen Bereichen mit entgegengesetzter elektrischer Ladung ein Funke überspringt. Ein Funke aus einer Wolke zur Erde bewegt sich mit 100 Kilometern pro Sekunde. Auf dem gleichen Weg springt sofort danach ein Funke zurück, den wir als hellen Blitzstrahl sehen. Funken können auch zwischen Wolken oder innerhalb einer Wolke überspringen, dann sehen sie oft aus wie ein Geflecht aus Blitzen am Himmel. Blitzt es hinter einer dicken Wolke, scheint die Wolke zu leuchten – dann sprechen wir von Wetterleuchten.

Der Blitz nimmt von der Unterseite der Wolke zu einem hohen Punkt am Erdboden den Weg des geringsten Widerstandes.

Entlädt sich die Elektrizität am Himmel, sehen wir ein Geflecht aus hellen Blitzen oder ein Wetterleuchten.

WO IST WÄHREND EINES GEWITTERS DER SICHERSTE ORT?

Weil der Blitz den schnellsten Weg zur Erde nimmt, sollte man keinen Schutz unter einzeln stehenden, hohen Bäumen suchen, wenn man während eines Gewitters im Freien ist. Geschützt ist man in einem Auto, weil das Metall die Energie des Blitzes in die Erde ableitet. Der sicherste Ort bei Gewitter ist natürlich ein festes Gebäude.

WIE HABEN SICH DIE MENSCHEN FRÜHER DIE MACHT VON GEWITTERN ERKLÄRT?

Früher glaubten die Menschen, dass die Götter Macht über die Natur besaßen. So waren auch Blitz und Donner für sie ein Zeichen der Macht ihrer Götter. Die Griechen glaubten, dass ihr Göttervater Zeus den Sturm beherrschte und Blitze zur Erde schickte, wenn er zornig auf die Menschen war. In der skandinavischen Mythologie war Thor der Gott des Himmels und beherrschte Sturm, Blitz, Regen und Donner. Die Bauern baten Thor um schönes Wetter für eine gute Ernte.

Zeus war der oberste Gott der Griechen. Auf vielen Darstellungen schleudert er Blitze auf die Welt.

Wusstest du …?

WIE BERECHNET MAN DIE ENTFERNUNG EINES GEWITTERS?

Wenn du einen Blitz siehst und die Sekunden zählst, bis du den Donner hörst, kannst du ausrechnen, wie weit das Gewitter entfernt ist. Teile die Sekunden durch drei, und du weißt die ungefähre Entfernung des Gewitters in Kilometern.

WIE GROSS IST DIE GEFAHR, VOM BLITZ GETROFFEN ZU WERDEN?

Die Wahrscheinlichkeit, von einem Blitz getroffen zu werden, liegt etwa bei 1 zu 700 000.

WAS IST EIN FULGURIT?

Die große Hitze eines Blitzes kann sogar Sand schmelzen. Dabei entstehen verzweigte Steingebilde in der Form des Wegs, den die Elektrizität im Boden genommen hat. So ein Gebilde nennt man Fulgurit.

WIE GROSS IST EIN GEWITTER?

Gewitterfronten können mehrere 100 km lang sein, die Wolken können sich über 10 km hoch in die Atmosphäre auftürmen.

WIE SCHNELL ZIEHT EIN GEWITTER?

Die Zuggeschwindigkeit eines Gewitters hängt von vielen Faktoren ab. Durchschnittlich bewegen sich Gewitter mit 40 km/h vorwärts.

WIE HEISS IST EIN BLITZ?

Ein Blitz kann Temperaturen von bis zu 30 000 °C erreichen.

WIE LANG IST EIN BLITZ?

Blitze können über 30 km lang sein, vor allem in ebenen Regionen, wenn die Wolken besonders hoch am Himmel ziehen.

Was bedeuten die Formen der Wolken?

Wolken werden nach ihrer Form, Höhe und Größe benannt. Normalerweise bringen wir Wolken mit Regen, Schnee, Graupel oder Hagel in Zusammenhang, doch nicht alle Wolken bedeuten schlechtes Wetter. Dicke, dunkle Wolken bringen meist Nässe und Wind, doch luftig-weiße Wolken an warmen Tagen bedeuten häufig, dass das Wetter schön bleibt.

Zirrus-Wolken

Bilden Zirrus-Wolken in großer Höhe einen ganz dünnen Schleier, nennt man sie Zirrostratus-Wolken. Meist kündigen sie feuchtes Wetter an.

Eine Kombination aus Zirrus- und Kumulus-Wolken nennt man Zirrokumulus-Wolken. Sie bestehen aus Schichten eisiger Teilchen und zeigen an, dass eine Phase unbeständigen Wetters droht.

Was sind Zirrus-Wolken?

Zirrus-Wolken entstehen in Höhen über 6 000 Metern. In dieser Höhe ist es so kalt, dass das Wasser in den Wolken zu Eiskristallen gefriert. Diese Wolken sehen leicht und fasrig aus. Manchmal sammeln sich viele Zirrus-Wolken zu einer hohen, weißen Wolkendecke.

Kumulonimbus-Wolken sind große Wolkenberge mit flacher Oberseite, die oft Sturm, Regen und Gewitter bringen. Sie können sehr hoch sein und werden wegen ihrer Form manchmal auch Amboss-Wolken genannt.

Eine dünne, hellgraue Wolkendecke nennt man Altostratus-Wolken. Sie bringen oft Regen.

Altokumulus-Wolken sind kleine, abgeflachte Kumulus-Wolken in Grau oder Weiß. Oft sieht man sie nach einer längeren Zeit warmen Wetters als Vorboten eines Gewitters.

Kumulus-Wolken

Stratokumulus-Wolken sind größere Flächen aus Kumulus-Wolken, die ineinander übergehen. Sie sind wohl die häufigste Wolkenart.

Was sind Stratus-Wolken?

Stratus-Wolken entstehen in der untersten Wolkenschicht in etwa 500 Metern Höhe. Sie bilden Schichten, die sich über den ganzen Himmel erstrecken können. Meist bringen sie leichten Regen. In bergigen Gebieten erzeugen sie häufig auch feuchten Dunst oder Bodennebel.

Nimbostratus-Wolken sind sehr dick und grau. Sie verdecken den Himmel komplett und bringen Regen oder Schnee.

Was sind Kumulus-Wolken?

Kumulus-Wolken bilden sich in verschiedenen Höhen, meist sieht man sie allerdings in der Mitte der Wolkenschicht. Sie sehen rundlich und weich aus, darum nennt man sie auch Schäfchenwolken. Ihre Oberseite ist strahlend weiß und ihre Unterseite manchmal hellgrau. Normalerweise sieht man sie an schönen Tagen.

Stratus-Wolken

WIE ENTSTEHEN WOLKEN?

Die Luft enthält unzählige winzige Staubpartikel, die Wasser aus Flüssen, Seen und Meeren aufsaugen. Das geschieht immer dann, wenn das Wasser erwärmt wird. Wärme verwandelt das Wasser in Dampf, ein unsichtbares Gas. Diesen Vorgang nennt man Verdunstung. Kühlt die warme, feuchte Luft wieder ab, kondensiert das Wasser auf der Oberfläche der Staubteilchen (es wird wieder flüssig). Sammeln sich viele solcher kleinen Wassertröpfchen, bilden sie eine Wolke. Das geschieht z.B., wenn warme Luft durch die Thermik angehoben wird oder an einem Berghang aufwärts strömt. Oder, wenn zwei Luftmassen aufeinander treffen und die kalte Luft sich unter die warme schiebt und diese in die Höhe drückt.

Wolken entstehen, wenn warme Luft über einem erwärmten Teil der Erdoberfläche aufsteigt.

Wolken entstehen, wenn warme Luft durch Berge in die Höhe gedrängt wird.

Wolken bilden sich, wo zwei Luftmassen aufeinander treffen.

WIE WIRD DIE WOLKENDICHTE GEMESSEN?

Meteorologen messen die Bewölkung mit der Einheit Okta, die angibt, wie viel Himmel von Wolken bedeckt ist. Die Skala hat 9 Stufen. 0 Okta bedeutet, dass keine Wolken zu sehen sind, bei 8 Okta ist der Himmel völlig bewölkt.

Das Foto zeigt eine Bewölkung von 4 Okta. Vier Achtel (die Hälfte) des Himmels sind von Wolken bedeckt.

Ist der Himmel fast vollständig von Wolken bedeckt, spricht man von 7 Okta.

WAS SIND KONDENSSTREIFEN?

Wenn Flugzeuge in großer Höhe durch sehr kalte Luft fliegen, ziehen sie einen weißen Streifen hinter sich her. Er wird durch die Auspuffgase des Flugzeugs erzeugt. Diese Gase enthalten viel Wasserdampf, der in der kalten Luft schnell kondensiert und gefriert, sodass lange Wolken-Streifen entstehen.

Wusstest du ...?

WER KLASSIFIZIERTE DIE WOLKEN?

Der Meteorologe Luke Howard klassifizierte die Wolken im Jahre 1803.

WIE VIELE WOLKENARTEN GIBT ES?

Es gibt sehr viele verschiedene Arten, aber nur zehn haben einen offiziellen Namen.

WAS BEDEUTEN DIE NAMEN?

Kumulus bedeutet Haufen, Zirrus Feder und Stratus Schicht. Nimbus ist Lateinisch für Regen.

WIE MISST MAN WOLKENHÖHEN?

Wenn man einen Laserstrahl zur Wolke sendet und seine Reflexion auf der Erde registriert, kann man die Höhe der Wolke errechnen.

WIE ENTSTEHT REGEN?

Regen kann auf zweierlei Weise entstehen. In den Tropen, wo es sehr warm ist, verbinden sich die kleinen Wassertröpfchen in den Wolken, bis die Tropfen so groß sind, dass sie zur Erde fallen. In kühleren Gegenden bildet sich in den hohen Wolken zuerst Schnee, der auf dem Weg zur Erde schmilzt, wenn die Temperatur in Bodennähe über dem Gefrierpunkt liegt.

Schneeflocken schmelzen zu Regen.

Wolken bestehen aus vielen winzigen Dampftröpfchen.

Kleine Wassertröpfchen verbinden sich zu Regentropfen.

WER ERFAND DEN REGENSCHIRM?

Regenschirme werden schon seit mehr als 1000 Jahren benutzt. Vermutlich wurden sie in China erfunden. Die ersten Regenschirme bestanden aus Papier und Bambus, mit Lack wurden sie wasserdicht gemacht.

WANN WIRD AUS „LEICHTEM" REGEN „STARKER" REGEN?

Fallen in einer Stunde weniger als 0,5 mm Regen, sprechen Meteorologen von leichtem Regen. Fallen mehr als 4 mm in der Stunde, ist von schweren Regenfällen die Rede. Die schwersten Regenfälle gibt es in den Tropen und den Monsungebieten der Welt. In anderen Gebieten hält schwerer Regen selten länger als eine Stunde an.

WIE VARIIEREN DIE REGENFÄLLE AUF DER ERDE?

In den Tropen fällt viel Regen, weil durch die hohen Temperaturen viel Wasser aus dem Meer verdunstet und Wolken bildet. An den Küsten regnet es meist mehr als im Binnenland. Eine Seite von Gebirgen ist oft trockener als die andere, weil das Gebirge dem Wind, der Regen mitbringt, den Weg versperrt. Solche und andere Faktoren tragen dazu bei, dass die Regenmengen auf der Erde unterschiedlich verteilt sind.

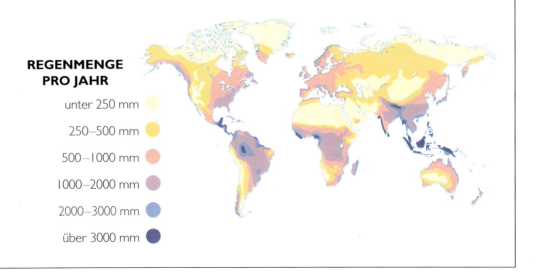

REGENMENGE PRO JAHR
- unter 250 mm
- 250–500 mm
- 500–1000 mm
- 1000–2000 mm
- 2000–3000 mm
- über 3000 mm

WIE ENTSTEHT EINE DÜRRE?

Von einer Dürre spricht man, wenn in einer Region innerhalb von 2 Wochen weniger als 0,2 mm Regen fällt. Ursache sind meist Hochdruckgebiete, die über einen längeren Zeitraum in einer bestimmten Region bleiben. Man spricht dann von einem stationären Hoch. Dieses Hoch verhindert, dass Tiefdruckgebiete in die Region ziehen können. Das Wetter bleibt lange heiß und trocken, eine Dürre ist die Folge. In Teilen Afrikas, Asiens und Mittelamerikas kommen Dürren häufiger vor.

Diese rosa Blume wächst im Death Valley in Kalifornien (USA), einem der heißesten und trockensten Gebiete der Erde.

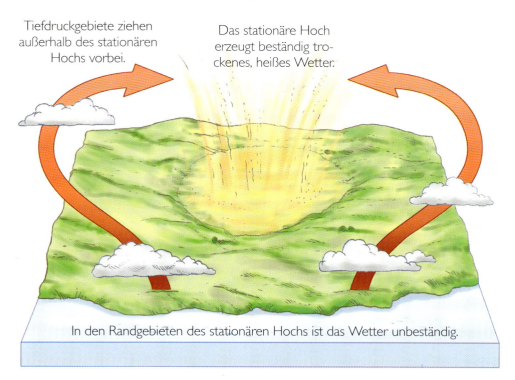

Tiefdruckgebiete ziehen außerhalb des stationären Hochs vorbei.

Das stationäre Hoch erzeugt beständig trockenes, heißes Wetter.

In den Randgebieten des stationären Hochs ist das Wetter unbeständig.

WARUM KÖNNEN BLUMEN IN DER WÜSTE WACHSEN?

In Wüstenregionen regnet es nur wenig, doch nach einem Regen blühen dort Blumen. Manche Blumensamen überleben im Wüstensand mehrere Jahre lang und keimen bei Regen sofort. Solche Pflanzen leben lange genug, um neue Samen zu bilden und so für Nachwuchs beim nächsten Regen zu sorgen.

WARUM FOLGT AUF EINE DÜRRE OFT EINE ÜBERSCHWEMMUNG?

Wenn in einem Gebiet lange Zeit trockenes, heißes Wetter herrschte und schwere Regenfälle folgen, kommt es häufig zu Überschwemmungen. Durch die trockene Hitze ist der Boden ausgetrocknet und so hart, dass er das Regenwasser nicht aufsaugt. Es sammelt sich stattdessen auf der Oberfläche und überschwemmt das Land.

Überschwemmungen treten häufig auf, wenn nach einer Dürre schwere Regenfälle folgen.

WIE WIRD DIE REGENMENGE GEMESSEN?

Man misst Regenmengen in Millimetern. Das Wasser wird in einem Regenmesser gesammelt, einem Metallbehälter von etwa 50 cm Höhe und 200 cm² Auffangfläche. Er wird hoch genug aufgestellt, dass keine Spritzer vom Boden hineingelangen können. Oben befindet sich ein Trichter, der das Wasser auffängt.

Wetterstationen stellen Regenmesser im offenen Gelände auf, um die Regenmenge zu messen.

Wusstest du ...?

WAS IST DIE STAUBSCHÜSSEL?

Die Staubschüssel (Dust Bowl) ist ein großes Gebiet von Ackerland in den USA, das in den 1930er Jahren eine schwere Dürre erlebte.

WELCHE FORM HABEN REGENTROPFEN?

Regentropfen sehen aus wie waagerecht abgeflachte Kugeln – also anders als eine senkrecht längliche Träne.

KANN MAN REGEN RIECHEN?

Nach einer langen Trockenzeit kann die Feuchtigkeit in der Luft Öle im Boden freisetzen. Daher rührt der typische Geruch, den wir mit Regen in Verbindung bringen.

WIE ENTSTEHT SCHNEE?

> Schnee bildet sich, wenn in den Wolken Temperaturen zwischen -20 °C und -40 °C herrschen. Die Eiskristalle in den Wolken beginnen zu schmelzen und verbinden sich mit eisig kalten Wassertröpfchen. Sie frieren zusammen, sodass Schneeflocken entstehen. Ist es kalt genug, fallen sie aus der Wolke zur Erde.

Eiskristalle und eiskalte Wassertröpfchen

WAS IST GRAUPEL?

Graupel ist normalerweise halb geschmolzener Schnee. Er kann auch entstehen, wenn das Wasser von Regentropfen verdunstet und auf seinem Weg zur Erde abkühlt. Graupel wird auch Schneeregen genannt, weil er sich wie eisiger Regen anfühlt.

Eiskristalle verbinden sich zu Schneeflocken

Alle Schneeflocken haben eine sechseckige Grundstruktur.

HABEN ALLE SCHNEEKRISTALLE DIE GLEICHE FORM?

Es gibt vermutlich etwa 80 verschiedene Arten von Schnee. Zu den Formen gehören Sterne, Prismen, Plättchen, Sechsecke und Nadeln. Alle Schneeflocken haben einen symmetrischen, sechseckigen Aufbau, man hat aber noch nie zwei exakt gleiche Schneeflocken gefunden. Forscher vermuten, dass die Form einer Schneeflocke davon abhängt, in welcher Höhe sie entstanden ist.

  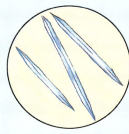

Sterne   Plättchen   Nadeln

IST SCHNEE IMMER GLEICH?

Schnee wird oft als „nass" oder „trocken" beschrieben. Die Schneeflocken in nassem Schnee sind recht groß. Sie bilden sich bei Temperaturen um den Gefrierpunkt. Nasser Schnee klebt gut, man kann mit ihm gut Schneemänner bauen und Schneebälle formen. Trockener Schnee entsteht bei niedrigen Temperaturen. Die Flocken sind viel kleiner als die in nassem Schnee. Skiläufer und Snowboarder nennen diesen Schnee, der für ihren Sport gut geeignet ist, Pulverschnee. Er ist leichter und lässt sich leichter wegfegen.

Aus nassem Schnee kann man gut Schneemänner bauen.

Trockener Schnee eignet sich gut zum Skilaufen.

WIE ENTSTEHT HAGEL?

Hagelkörner sind eigentlich gefrorene Regentropfen. Sie entstehen in sehr hohen Kumulonimbus-Wolken, zwischen deren oberem und unterem Teil starke Temperaturunterschiede bestehen. Im oberen Teil ist es eisig kalt, im unteren deutlich wärmer. Dadurch entstehen starke Luftströmungen aufwärts und abwärts. Eiskristalle und eisige Wassertröpfchen werden durch diese Luftströmungen gewirbelt und prallen zusammen. Dabei werden sie von immer neuen Eisschichten umhüllt, bis sie schließlich so groß und schwer sind, dass sie zur Erde fallen.

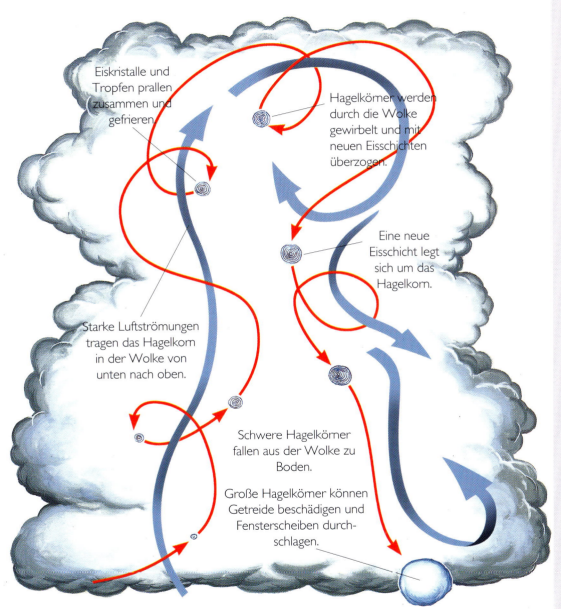

- Eiskristalle und Tropfen prallen zusammen und gefrieren.
- Hagelkörner werden durch die Wolke gewirbelt und mit neuen Eisschichten überzogen.
- Eine neue Eisschicht legt sich um das Hagelkorn.
- Starke Luftströmungen tragen das Hagelkorn in der Wolke von unten nach oben.
- Schwere Hagelkörner fallen aus der Wolke zu Boden.
- Große Hagelkörner können Getreide beschädigen und Fensterscheiben durchschlagen.

WIE SIEHT EIN HAGELKORN VON INNEN AUS?

Könnte man durch ein Hagelkorn sehen, würde man die verschiedenen Eisschichten erkennen. Jede Schicht entsteht auf einem Weg des Korns in der Wolke – von unten nach oben und wieder nach unten. Je mehr Luftbewegung in der Wolke, desto mehr Eisschichten bilden sich, desto größer werden also die Hagelkörner.

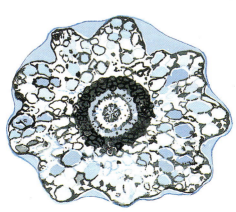

Der Querschnitt durch ein Hagelkorn zeigt, dass es wie eine Zwiebel aus vielen Schichten besteht.

Wusstest du …?

WAS IST EIN BLIZZARD?

Ein Blizzard ist ein Schneesturm. Er entsteht, wenn es bei einem Sturm schneit oder wenn der Sturm den Schnee vom Boden aufwirbelt. Dabei können hohe Schneewehen entstehen, unter denen sogar Autos oder Gebäude begraben werden.

WIE ÜBERLEBEN MENSCHEN, DIE IM SCHNEE BEGRABEN SIND?

Schnee enthält sehr viel Luft. Wenn er auf die Erde fällt, wird die Luft in den Zwischenräumen zwischen den Schneeflocken eingefangen. Darum können Menschen, die im Schnee verschüttet sind, relativ lange überleben.

IST SCHNEE IMMER WEISS?

Schnee kann auch andere Farben haben. In manchen Gletscherregionen leben Algen im Schnee, sodass er braun, rosa oder rot aussieht.

WELCHE SCHÄDEN KANN HAGEL ANRICHTEN?

Hagelkörner beschädigen häufig Ernten, vor allem Obst. Große Hagelkörner können sogar Fenster und Windschutzscheiben zerbrechen und Beulen in Autos schlagen.

WIE GROSS WAR DAS GRÖSSTE HAGELKORN?

Das größte bekannte Hagelkorn wurde 1970 in Kansas (USA) gefunden. Es war größer als ein Fußball und wog 765 g. Es ist nicht ungewöhnlich, dass Hagelkörner die Größe von Golfbällen haben.

WIE ENTSTEHT RAUREIF?

Raureif bedeckt das Land oft an klaren, kalten Wintertagen. Der Boden kühlt schneller ab als die Luft darüber. Fallen die Temperaturen unter den Gefrierpunkt, gefriert die Feuchtigkeit in der Luft, und alle Oberflächen werden von Raureif überzogen. Abhängig von den Witterungsbedingungen kann der Raureif unterschiedlich aussehen.

WAS IST BODENFROST?

An trockenen, frostigen Tagen bildet sich auf offenen Oberflächen eine Schicht aus Eiskristallen. Sie knirscht, wenn man darüber geht. Manchmal ist sie recht dick und sieht aus wie Schnee.

Enthält die Luft nicht genug Feuchtigkeit, kann der Boden auch gefrieren, ohne einen weißen Belag zu bilden.

Raureif überzieht alle kalten Oberflächen.

WARUM IST DAS BETRETEN VON ZUGEFRORENEN GEWÄSSERN GEFÄHRLICH?

Bei sehr niedrigen Temperaturen können Flüsse und Seen zufrieren. Dabei spielt die Wassertiefe eine Rolle. Je flacher das Wasser ist, desto schneller friert es zu. Die Eisschicht auf der Oberfläche ist an den Rändern am dicksten und stabilsten. In der Mitte gibt es dünnere Stellen, darum ist es sehr gefährlich, das Eis zu betreten, weil man leicht einbrechen kann.

Das Betreten von zugefrorenen Seen oder Flüssen ist sehr gefährlich.

WIE ENTSTEHEN EISZAPFEN?

Eiszapfen bilden sich, wenn Eis oder Schnee taut und wieder gefriert. Das geschieht an schönen Wintertagen, wenn es in der Sonne warm wird, um Schatten aber unter 0 °C kalt bleibt, aber auch, wenn auf einen wärmeren Tag eine kalte Nacht folgt. Das Schmelzwasser fließt an einer Fläche herab, die Tropfen gefrieren, ehe sie zu Boden fallen, und der Eiszapfen wächst.

Eiszapfen werden länger, weil immer wieder Tropfen daran entlangfließen und gefrieren.

WAS IST RAUREIF?

Raureif bildet sich auf Blättern, Zweigen und anderen Gegenständen, wenn darauf kleine Wassertröpfchen durch eisigen Wind gefrieren. Auf der dem Wind zugewandten Seite bildet sich dabei manchmal eine geschlossene Eiskruste, die sogar Gebäude beschädigen kann. Raureif tritt vor allem in sehr kalten, offenen Lagen auf.

WETTER UND KLIMA

KÖNNEN EISZAPFEN AUCH AUFWÄRTS WACHSEN?

In kleinen, flachen Wasserbehältern, etwa einer Vogeltränke, können Eiszapfen auch von unten nach oben wachsen. Wenn das Wasser gefriert, dehnt es sich aus und bildet in der Mitte des Gefäßes eine Kuppelform. Die Mitte der Kuppel platzt, Wasser tritt aus und gefriert wieder. Wenn das mehrmals geschieht, bildet sich eine Eisspitze.

Das Wasser gefriert und bildet eine Kuppelform.

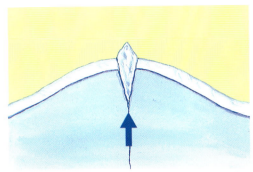

Die Mitte der Kuppel platzt, Wasser tritt aus und gefriert.

Wenn mehrmals Wasser austritt und gefriert, bildet sich ein „stehender" Eiszapfen.

WAS SIND EISBLUMEN?

Bei Frost bilden sich manchmal auf der Innenseite von Fenstern schöne Muster, die an Blüten oder Blätter erinnern. Sie entstehen, wenn Wasserdampf auf dem Glas zu winzigen Tröpfchen kondensiert und gefriert. Es bilden sich Kristalle, an deren Spitzen weitere Tröpfchen haften bleiben und ebenfalls gefrieren. Dadurch entstehen „Eisblumen".

WAS IST TAU?

Tau ist kondensierter Wasserdampf, der sich bildet, wenn Luft in Berührung mit einer kalten Oberfläche kommt. Er bildet sich in klaren, windstillen Nächten. Nach nebligen Nächten, in denen die Luft dicht über dem Boden viel Wasserdampf enthält, gibt es besonders viel Tau. Er ist in Form kleiner Tröpfchen auf allen kalten Flächen sichtbar.

Tautropfen bilden sich auf den Blüten und Blättern von Pflanzen im Freien.

Winzige Tautropfen an Spinnennetzen sieht man am frühen Morgen häufig.

Wusstest du ...?

WAS IST EISREGEN?

Von Eisregen spricht man, wenn Regen durch sehr kalte Luft fällt und die Bodentemperatur unter 0 °C liegt. Der Regen gefriert dann auf der Erde sofort zu einer durchsichtigen Eisschicht, die sehr glatt und gefährlich für den Straßenverkehr ist.

WARUM IST EIS SO GLATT?

Wenn Wasser gefriert, verbinden sich seine Moleküle sehr eng, sodass eine sehr glatte, rutschige Fläche entsteht. Schmilzt das Eis, befeuchtet das Schmelzwasser die Oberfläche, und diese wird noch rutschiger.

WARUM PLATZEN ROHRE BEI FROST?

Wenn Wasser gefriert, dehnt es sich aus. Füllt es ein geschlossenes Behältnis, übt das Eis Druck auf die Wände aus. Darum isoliert man Rohre, damit das Wasser in ihnen nicht gefriert und sie nicht platzen.

WAS IST DER TAUPUNKT?

Der Taupunkt ist die Temperatur, bei der sich Tautropfen bilden.

WAS IST EIN FROSTSCHUTZMITTEL?

Frostschutzmittel sind Chemikalien, die man in Wasserkreisläufe gibt, um das Einfrieren zu verhindern. Die meisten enthalten einen Alkohol namens Äthylenglykol. Je nach Konzentration kann so ein Frostschutzmittel den Gefrierpunkt des Wassers auf -25 °C bis -35 °C senken. Im Winter gibt man in Kühlwasser und die Scheibenwaschanlage von Autos Frostschutzmittel.

WER IST VÄTERCHEN FROST?

Väterchen Frost ist eine Märchen- und Sagenfigur aus alter Zeit. In manchen Geschichten heißt es, die Eisblumen auf den Fenstern seien seine Fingerabdrücke.

WAS IST LUFTFEUCHTIGKEIT?

Die Luft nimmt Wasser aus Meeren, Flüssen, Seen und auch von Bäumen und anderen Pflanzen auf. Den Anteil an Wasserdampf in der Luft nennt man Luftfeuchtigkeit. Je wärmer das Wetter, desto mehr Wasserdampf kann die Luft aufnehmen. Wenn die Luft keine Feuchtigkeit mehr aufnehmen kann, ist sie gesättigt, die Luftfeuchtigkeit beträgt dann 100%. Dann kondensiert der Wasserdampf und bildet Nebel, Wolken und Regen.

Ist die Luftfeuchtigkeit hoch, enthält die Atmosphäre viel Wasser.

Im Regenwald herrscht hohe Luftfeuchtigkeit. Darum fühlen sich hier viele Pflanzen und Tiere wohl.

WO AUF DER ERDE IST DIE LUFTFEUCHTIGKEIT HOCH?

In tropischen Gebieten, wo das Klima warm ist, herrscht hohe Luftfeuchtigkeit. In einem ständigen Kreislauf verdunstet Wasser aus dem Meer in die Luft und fällt als Regen wieder herab. Dieses Klima ist ideal für Pflanzen und andere Lebewesen. Auch die Pflanzen geben Feuchtigkeit in die Atmosphäre ab.

WARUM IST HOHE LUFTFEUCHTIGKEIT BELASTEND?

Körperliche Betätigung ist bei hoher Luftfeuchtigkeit sehr anstrengend, weil der Schweiß nicht gut von der Haut verdunsten kann und der Körper nicht ausreichend gekühlt wird. Sportler müssen sich daher auf Wettkämpfe in solchem Klima gut vorbereiten, indem sie schon vorher dort trainieren.

Körperliche Belastungen sind bei hoher Luftfeuchtigkeit sehr anstrengend.

WETTER UND KLIMA

IN WELCHEN GEBIETEN DER ERDE IST DIE LUFTFEUCHTIGKEIT NIEDRIG?

In Wüstenregionen ist die Luftfeuchtigkeit niedrig, oft unter 10%. Weil Wasser nicht nur in der Luft, sondern allgemein sehr knapp ist, sind die Lebensbedingungen hier schwierig. Landwirtschaft ist in solchen Gebieten nahezu unmöglich, weil sie ohne ein gewisses Maß an Feuchtigkeit keine Erträge bringen kann.

Das Leben in Wüstenregionen ist schwierig, weil Feuchtigkeit dort sehr knapp ist.

WAS IST RELATIVE LUFTFEUCHTIGKEIT?

Wenn von Luftfeuchtigkeitswerten gesprochen wird, meinen Meteorologen genau gesagt die relative Luftfeuchtigkeit. Das ist der Wassergehalt der Luft, gemessen an der maximalen Wassermenge, die sie bei einer bestimmten Temperatur aufnehmen kann. Man misst die relative Luftfeuchtigkeit mit einem Nass-Trocken-Thermometer. Es hat eine Kugel, die mit nassem Stoff bezogen ist. Die Feuchtigkeit verdunstet, darum ist die Luft um die nasse Kugel kühler als um die trockene. Wenn die Luft trockener wird, verdunstet mehr Wasser. Je größer der Temperaturunterschied, desto niedriger ist die Luftfeuchtigkeit. Bei geringem Temperaturunterschied ist die Luftfeuchtigkeit hoch. Solche Thermometer werden in einen Stevenson-Kasten eingebaut, damit sie vor der Sonne geschützt sind.

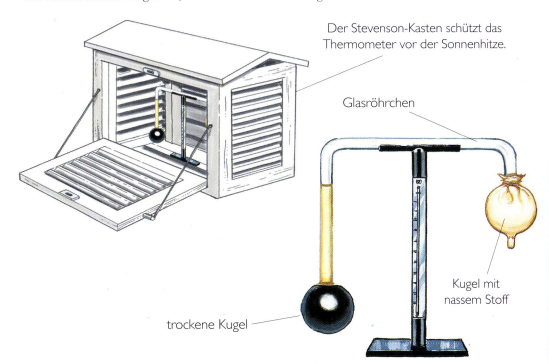

Der Stevenson-Kasten schützt das Thermometer vor der Sonnenhitze.

Glasröhrchen

Kugel mit nassem Stoff

trockene Kugel

Wusstest du …?

WIE ERZEUGEN GEWÄCHSHÄUSER LUFTFEUCHTIGKEIT?

In großen Gewächshäusern wird Wasser als feiner Nebel versprüht, um die Luftfeuchtigkeit zu erhöhen. Außerdem werden die Häuser geheizt.

WAS HAT LUFTFEUCHTIGKEIT MIT SEIDE ZU TUN?

Die Raupen, die Seidenfäden spinnen, fühlen sich bei hoher Luftfeuchtigkeit wohler und produzieren dann mehr Seide.

WAS ERFAND FERDINANDO DI MEDICI?

Ferdinando di Medici war ein italienischer Erfinder. Er entwickelte ein Hygrometer, mit dem er die Luftfeuchtigkeit anhand des Taus maß, der sich auf einer kühlen Oberfläche sammelte. Das erste Hygrometer war ein Schwamm.

SCHWITZT MAN BEI HOHER LUFTFEUCHTIGKEIT STÄRKER?

Der menschliche Körper schwitzt, um sich abzukühlen, wenn es warm ist. Bei hoher Luftfeuchtigkeit kann der Schweiß auf der Haut nicht verdunsten, darum gewinnt man den Eindruck, stärker zu schwitzen. Das ist aber nicht der Fall.

WAS IST EIN HAAR-HYGROMETER?

Einfacher kann man die Luftfeuchtigkeit mit einem Haar-Hygrometer bestimmen, in das ein menschliches Haar eingebaut ist. Das Haar dehnt sich aus oder zieht sich zusammen, je nachdem, wie viel Feuchtigkeit die Luft enthält. In einem Wetterhäuschen ist das Haar an einer Drehscheibe befestigt. Bei hoher Luftfeuchtigkeit kommt der Mann heraus, ist es trockener, erscheint die Frau.

Der Mann kommt bei hoher Luftfeuchtigkeit aus dem Häuschen.

Die Frau kommt bei niedriger Luftfeuchtigkeit heraus.

WIE ENTSTEHT NEBEL?

Nebel sind Wolken, die sich dicht über dem Erdboden bilden. Er tritt auf, wenn der Wind schwach, die Luft feucht und der Himmel relativ klar ist. Von Bodennebel spricht man, wenn die Feuchtigkeit in der Luft direkt über der Erde kondensiert und sich nach oben ausbreitet. Bodennebel tritt oft morgens und abends auf, wenn die Erde sich schnell abkühlt.

WAS IST DER UNTERSCHIED ZWISCHEN NEBEL UND DUNST?

Der Unterschied zwischen Nebel und Dunst liegt in der Dichte der Wolke. Liegt die Sichtweite in der Wolke unter 1 km, spricht man von Nebel. Liegt sie zwischen 1 km und 2 km, spricht man von Dunst.

Wasserdampf kondensiert und bildet Nebel.

Kühlere Oberflächen

Wärmere Luft

Kühlere Oberflächen

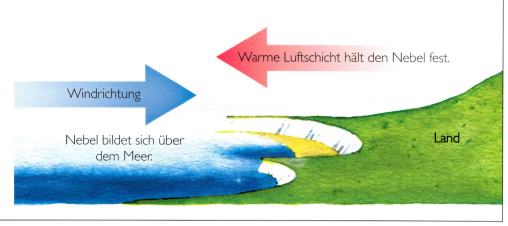

Über San Francisco in den USA bildet sich im Sommer oft Nebel, wie dieses Foto der Golden Gate Bridge, des Wahrzeichens der Stadt, zeigt. Der Nebel entsteht, wenn kalte Strömungen des Pazifiks auf warme Luft vom Land treffen. Es dauert oft lange, bis der Nebel sich lichtet.

WAS IST KÜSTENNEBEL?

Küstennebel entsteht, wenn warme feuchte Luft über eine kalte Wasserfläche zieht. Der Nebel bildet direkt über dem Wasser eine Schicht, die von einer darüber gelegenen Warmluftschicht festgehalten wird. Der Nebel kann nur ins Land vordringen, wenn dies sehr flach ist. Über dem Land lichtet er sich meist schnell.

Warme Luftschicht hält den Nebel fest.

Windrichtung

Nebel bildet sich über dem Meer.

Land

WETTER UND KLIMA

WARUM IST DAS AUTOFAHREN BEI NEBEL GEFÄHRLICH?

Die geringe Sichtweite in dichtem Nebel ist für Autofahrer eine Gefahr. Man muss langsam fahren und großen Abstand zu anderen Fahrzeugen einhalten, das Abblendlicht muss immer eingeschaltet sein. Blendet ein Fahrer die Scheinwerfer auf, wird das Licht von den Tröpfchen im Nebel reflektiert und blendet den Fahrer selbst ebenso wie andere Verkehrsteilnehmer.

Abgeblendete Scheinwerfer vorn am Auto

Nebelschlussleuchten hinten am Auto

WAS SIND NEBELSCHLUSSLEUCHTEN?

Nebelschlussleuchten sind mit speziellen Glühbirnen ausgestattet, die mit Halogengas gefüllt sind. Ihr Licht ist intensiver als das von normalen Glühbirnen.

WIE FINDEN SICH SCHIFFE IM NEBEL ZURECHT?

Leuchttürme und Feuerschiffe zeigen Schiffen auf See nachts den Weg, doch bei Nebel kann man ihren Lichtstrahl nur schlecht erkennen. Weil sich dadurch die Position von Gefahren und Hindernissen nur schwer errechnen lässt, werden zusätzlich akustische Signale, z.B. Nebelhörner, eingesetzt. Moderne Schiffe erkennen Gefahren und andere Schiffe mit Hilfe von Radar.

WAS IST EISBERG-NEBEL?

Wenn die Luft rings um einen Eisberg sehr kalt ist, das Wasser aber wärmer, bildet sich Nebel. Das Wasser verdunstet und kondensiert, sobald es mit der kalten Luft in Berührung kommt. Als der Luxusdampfer Titanic 1912 nach einem Zusammenstoß mit einem Eisberg sank, war möglicherweise solcher Nebel die Ursache dafür, dass die Besatzung den Eisberg zu spät sah.

Wusstest du..?

WARUM NENNT MAN NEBEL AUCH SUPPE?

Diese Redensart stammt aus England, wo es oft neblig ist. Im späten 19. und frühen 20. Jahrhundert wurde in Wohnhäusern und Fabriken viel Kohle verbrannt. Der Rauch mischte sich mit dem Nebel zu einem dicken, gelblichen Smog, der die Sicht behinderte und die Atmung erschwerte. Diesen gelben Nebel nannten die Engländer Suppe.

WAS IST EIN NEBELSTREIF?

Manchmal sieht man einen Nebelstreifen mitten in der klaren Luft hängen. Das geschieht, wenn Sonnenstrahlen durch den Nebel dringen, den Boden erwärmen und die untere Nebelschicht verdunsten lassen.

WIE FUNKTIONIERT EINE NEBELMASCHINE?

In Theatern und manchen Nachtklubs wird für besondere Effekte künstlicher Nebel eingesetzt. Mit speziellen Maschinen wird eine Mischung aus einer öligen Flüssigkeit und Wasser in die Luft geblasen. Ähnliche Effekte entstehen durch Trockeneis – gefrorenes Kohlendioxid, das in heißem Wasser aufgelöst wird.

WARUM BILDET SICH NEBEL OFT IN TÄLERN?

In bewaldeten Tälern bildet sich am frühen Morgen oft Nebel. Weiter oben an den Hängen ist die Temperatur höher, dadurch kondensiert die Feuchtigkeit in den Bäumen, und es bildet sich eine niedrige Nebelschicht. Wenn die Sonne die Erde erwärmt, lichtet sich der Nebel langsam.

WAS IST GEFRIERENDER NEBEL?

Wenn bei Nebel die Temperatur stark abfällt, gefrieren die Wassertröpfchen im Nebel und vergrößern sich dabei. Dadurch wird die Sicht sehr stark behindert.

Wann bildet sich ein Regenbogen?

Ein Regenbogen wird sichtbar, wenn Sonnenlicht durch Regentropfen fällt. Dringt das Licht in einem bestimmten Winkel durch die Tropfen, wird das weiße Licht gebrochen und in seine sieben Spektralfarben zerlegt. Am besten sieht man Regenbögen am frühen Morgen oder am Abend, wenn die Sonne tief am Himmel steht. Damit du ihn siehst, muss es vor dir regnen, die Sonne aber in deinem Rücken stehen.

Die Farben erscheinen immer in der gleichen Reihenfolge.

Im Regenbogen siehst du die Farben Rot, Orange, Gelb, Grün, Blau, Indigo und Violett.

Aus dem Flugzeug kann man manchmal einen ganzen Kreis sehen.

Wie bricht ein Regentropfen das Licht?

Ein Tropfen funktioniert wie ein kleines Prisma, er spaltet das weiße Licht in die Farben des Spektrums auf. Fällt ein Lichtstrahl durch den Tropfen, wird er gebrochen und in seine Farben zerlegt. Von der Rückseite des Tropfens prallt der Strahl noch einmal ab und tritt dann wieder aus. Dabei werden die Regenbogenfarben sichtbar.

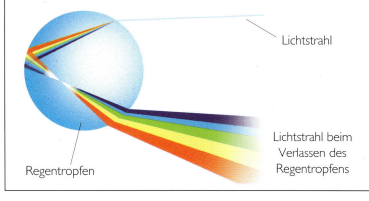

Lichtstrahl

Lichtstrahl beim Verlassen des Regentropfens

Regentropfen

Woher kommt der zweite Regenbogen?

Manchmal sieht man über dem Regenbogen noch einen zweiten, schwächeren Bogen. Er entsteht, wenn das Licht in den Regentropfen nicht nur einmal, sondern zweimal von ihrer Oberfläche reflektiert wird. Im zweiten Regenbogen erscheinen die Farben in umgekehrter Reihenfolge, Rot ist also unten. Weil bei jeder Reflexion etwas Sonnenlicht verloren geht, erscheint der zweite Bogen schwächer.

KANN MAN POLARLICHTER AUS DEM WELTRAUM SEHEN?

Über der Arktis und Antarktis kann man faszinierende Lichteffekte sehen: die Polarlichter. Sie entstehen, wenn elektrisch geladene Teilchen von der Sonne auf das Magnetfeld und die Atmosphäre der Erde prallen. Aus dem Weltraum sehen diese Lichtspiele in Grün, Rosa und Blau besonders faszinierend aus, weil man ihre Entstehung von dem Moment an beobachten kann, wenn die Teilchen die Atmosphäre zum ersten Mal berühren.

Ein Polarlicht, aus dem Fenster des Space Shuttle gesehen, scheint von der Erde aufzusteigen. Tatsächlich ist aber die Sonne der Ursprung dieser Lichter.

WAS IST EIN HALO?

Manchmal sieht es aus, als sei der Mond von hellen Lichtflecken umgeben. Das geschieht, wenn Mondlicht (eigentlich vom Mond reflektiertes Sonnenlicht) durch Eiskristalle hoch in der Atmosphäre dringt. Das Licht wird in bestimmten Winkeln reflektiert, sodass man einen oder mehrere unregelmäßig geformte Lichtflecke (Halos) sieht. Besonders häufig sieht man sie, wenn der Mond relativ voll ist.

WELCHE FARBE HAT DER MOND?

Manchmal sorgen die atmosphärischen Bedingungen dafür, dass der Mond seine Farbe zu verändern scheint. Nach schweren Vulkanausbrüchen sieht er blau aus. Ursache sind Staub und Asche, die in der Atmosphäre schweben.

Wenn bei einer Mondfinsternis der Schatten der Erde auf den Mond fällt und die Sonnenstrahlen an der Erde vorbeifallen, sieht der Mond rötlich aus.

Wusstest du …?

WAS IST EIN ELMSFEUER?

Elmsfeuer sind leuchtende, elektrische Entladungen, die Seeleute früher bei Sturm auf den Masten von Schiffen sahen.

WAS IST EIN MONDREGENBOGEN?

Gelegentlich bricht sich auch helles Mondlicht in Regentropfen, sodass ein „Mondregenbogen" entsteht.

WAS IST EIN EISBOGEN?

Ein Eisbogen entsteht, wenn sich das Licht in Eispartikeln in sehr kalter Luft bricht.

WAS IST EINE NEBENSONNE?

Wenn fallende Eiskristalle im Flug das Sonnenlicht brechen, sieht man manchmal neben der Sonne eine oder zwei „Nebensonnen".

WELCHE FARBE HAT EINE NEBENSONNE?

Nebensonnen können alle Farben haben, von Weiß bis Rot.

WAS IST EL NIÑO?

El Niño ist eine Meeresströmung, die überall auf der Erde heftige Störungen der Wetterlage verursacht. Forscher haben festgestellt, dass im Abstand von fünf bis sieben Jahren die vorherrschenden Winde des Pazifiks vorübergehend ihre Richtung ändern und warmes Wasser nach Osten in Richtung auf Südamerika drängen. Meist beginnt der Vorgang im Januar, wenn auf der Südhalbkugel Sommer ist. Es gibt diese Erscheinung schon seit Jahrhunderten, doch erst seit 1970 beschäftigt sich die Wissenschaft mit seinen Ursachen und Auswirkungen auf das Wetter.

WAS BEDEUTET EL NIÑO?

El Niño ist Spanisch und bedeutet „der Junge". Der Name bezieht sich auf Jesus und wurde im 17. Jahrhundert von spanischen Fischern an der Küste Perus gewählt, weil die drastischen Wetterveränderungen meist um die Weihnachtszeit eintraten.

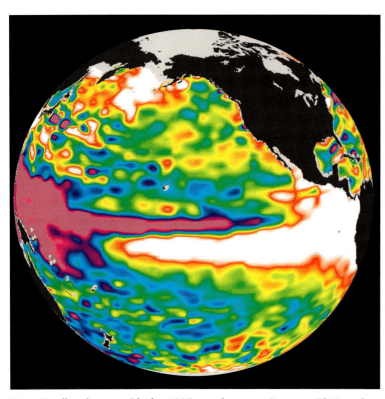

Dieses Satellitenfoto vom Oktober 1997 zeigt die warme Strömung El Niño als weiß-roten Keil, der sich über den Pazifik bis zur Küste Südamerikas erstreckt.

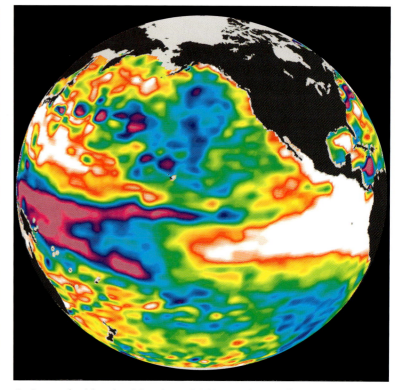

Im Januar des folgenden Jahres hat sich El Niño schon wieder ein Stück zurückgezogen. Das Wasser des Pazifiks war trotzdem noch ungewöhnlich warm.

WELCHE AUSWIRKUNGEN HAT EL NIÑO?

In einem El-Niño-Jahr sind die Wetterverhältnisse auf der ganzen Erde unberechenbar. Besonders spürt man das im Gebiet des Pazifiks. 1997 und 1998 verwüsteten schwere Überschwemmungen große Teile Südamerikas. Die Strömung löste einen Hurrikan aus, der in den Wüsten Kaliforniens und Nevadas schwere Regenfälle brachte. Im Westen der Pazifikregion bringt El Niño heißes, trockenes Wetter, obwohl dort eigentlich Regenzeit wäre. Dadurch wurden in Australien viele Waldbrände ausgelöst.

In einem El-Niño-Jahr ist das Wasser vor der Küste Kaliforniens viel wärmer als gewöhnlich, schwere Stürme sind die Folge. Manche peitschen riesige Wellen an die Küste, die ganze Strände wegspülen.

Der El Niño des Jahres 1982 brachte einige der schwersten Dürren, die es seit Jahrhunderten gegeben hatte. In Südafrika wurde buchstäblich die gesamte Ernte des Jahres vernichtet.

Kann es Fische und Frösche regnen?

Es gibt immer wieder Berichte darüber, dass bei schweren Gewittern Fische, Frösche und andere Tiere vom Himmel gefallen seien. Möglicherweise wurden die Tiere vom Trichter eines Tornados angesaugt und mit dem ziehenden Wettersystem über eine große Strecke transportiert, bis sie schließlich wieder zur Erde fielen.

Regnende Fische und Frösche werden im Wetterbericht nur selten vorhergesagt.

Entstehen Kornkreise durch das Wetter?

Über die Entstehung der geheimnisvollen Muster, die in den Kornfeldern in aller Welt auftauchen und als Kornkreise bezeichnet werden, gibt es viele Theorien. Manche Menschen glauben, außerirdische Raumschiffe haben sie verursacht. Andere meinen, sie seien von Menschen geschaffen. Vielleicht sind auch Wetterphänomene wie kleine Tornados die Ursache mancher dieser Kornkreise.

Manche Experten meinen, dass Kornkreise durch kleine Tornados verursacht werden.

Wusstest du …?

Warum wird El Niño immer stärker?

Manche Forscher vermuten, dass die zunehmende Kraft von El Niño mit der Erderwärmung zusammenhängt.

Was ist La Niña?

La Niña – das Mädchen – hat die entgegengesetzte Wirkung von El Niño. Die Folge ist eine übermäßige Verstärkung der normalen Wetterverhältnisse.

Wie wirkt El Niño auf das Leben im Meer?

Weil El Niño die Meeresströmung verändert, wird weniger Nahrung vom Meeresgrund an die Oberfläche befördert. Darunter leiden viele Lebewesen im Meer.

Was ist ENSO?

ENSO ist die Abkürzung für „El Niño Southern Oscillation", die genaue wissenschaftliche Bezeichnung von El Niño.

Was ist ein Kugelblitz?

Ein Kugelblitz ist eine seltene Erscheinung, für die es noch keine Erklärung gibt. Die geheimnisvollen Kugeln aus elektrischer Energie sind während Gewittern gesehen worden, meist aber nur wenige Sekunden lang.

Kann ungewöhnliches Wetter eine Erklärung für UFOs liefern?

Merkwürdig geformte Wolken, Kugelblitze, Luftspiegelungen und Polarlichter sind schon häufig für unbekannte Flugobjekte gehalten worden.

Gibt es roten Regen?

Es hat schon Berichte über roten Regen gegeben. Ursache könnte rötlicher Staub sein, der durch Vulkanausbrüche oder Sandstürme hoch in die Atmosphäre gelangt ist und den Regen, der zur Erde fällt, eingefärbt hat.

WER SAGT DAS WETTER VORAUS?

Meteorologen sind in nationalen und internationalen Wetterstationen beschäftigt, aber auch auf Flughäfen und beim Militär. Aufgrund ihres Wissens über Wettersysteme und mit Hilfe von Informationen aus verschiedenen Quellen in aller Welt versuchen sie, das Wetter vorherzusagen. Solche Vorhersagen werden im Fernsehen, im Radio, in Zeitungen und im Internet veröffentlicht.

WIE WERDEN WETTERVORHERSAGEN IM FERNSEHEN GEZEIGT?

Die Wettervorhersage im Fernsehen wird von vielen Menschen gesehen, weil sie leicht zu verstehen ist. Manchmal ist der Sprecher ein ausgebildeter Meteorologe, manchmal liest auch ein Fernsehansager eine Vorhersage vor, die Wissenschaftler ausgearbeitet haben. Zum Verständnis der Vorhersage helfen verschiedene Wetterkarten, die mit dem Computer gezeichnet werden. Meist zeigen Sie Temperaturen, Windrichtung und -geschwindigkeit an und machen auch Aussagen über das Wetter, das in bestimmten Gebieten zu erwarten ist. Regionale Sender bringen meist eine spezielle Vorhersage für das Sendegebiet.

Der Moderator steht vor einer einfarbig blauen Fläche.

Die Wetterkarten erscheinen auf der blauen Fläche.

Auf dem Monitor sieht der Moderator, wohin er zeigen muss.

Der Moderator wechselt das Kartenbild mit Hilfe einer Fernbedienung.

WIE LANGE KANN MAN DAS WETTER VORAUSSAGEN?

Relativ genaue Wettervorhersagen sind für die nächsten 24 Stunden möglich. Heute haben Meteorologen aber auch Zugang zu Daten, mit denen sie ziemlich sichere Voraussagen für die Entwicklung des Wetters in der nächsten Woche machen können.

Was sieht man auf einem Satellitenbild?

Wettersatelliten erzeugen Bilder, indem sie verschiedene Licht- und Temperaturverhältnisse auswerten. Wird ein Erdgebiet vom Sonnenlicht angestrahlt, reflektieren Elemente wie Wolken, Land, Meer oder Eis unterschiedlich viel Licht, das vom Satelliten in verschiedenen Grautönen aufgezeichnet wird. Liegt ein Gebiet im Dunkeln, werden mit Infrarotgeräten Wärmestrahlungen aufgezeichnet und ergeben ein ähnliches Bild. Diese Informationen werden an eine Bodenstation gesendet und dort in Fotos umgewandelt. Für den Wetterbericht im Fernsehen werden manchmal mehrere solcher Bilder zusammengesetzt, um die Bewegung des Wettersystems wie einen „Film" zu zeigen.

Dieses mit dem Computer bearbeitete Satellitenbild zeigt den Hurrikan Fran, der sich im September 1996 auf die Küste Floridas (USA) zubewegte.

Was ist eine synoptische Karte?

Um ihre Voraussagen zu verdeutlichen, zeichnen die Meteorologen spezielle Wetterkarten. Lange geschwungene Linien – Isobaren genannt – zeigen Gebiete mit gleichem Luftdruck, schwarze Kreise markieren die Zentren von Hoch- und Tiefdruckgebieten. Linien mit roten Halbkreisen kennzeichnen eine Warmfront, Linien mit blauen Dreiecken eine Kaltfront. Die Kombination aus Dreiecken und Kreisen steht für eine überlagerte Front. Im Idealfall würden alle auf der Karte dargestellten Daten exakt zur gleichen Zeit gemessen und zusammengetragen. Das ist aber kaum möglich, darum beinhalten Wetterkarten meist eine gewisse Ungenauigkeit.

Die Wetterkarte zeigt ein Wettersystem über Nordeuropa.

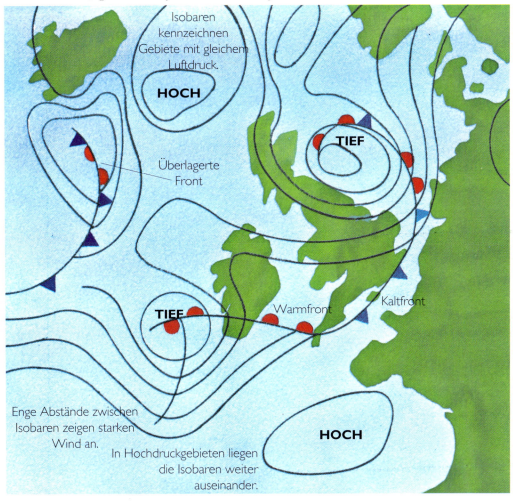

Wusstest du …?

Welche Informationen über das Wetter findet man im Internet?

Im Internet sind rund um die Uhr Wetterinformationen über alle Orte der Erde zu finden. Das ist praktisch, wenn man verreisen möchte und wissen will, was für Kleidung man einpacken muss.

Wie genau ist eine Wettervorhersage?

Mit moderner Technik können Wissenschaftler immer genauere Vorhersagen über das Wetter machen, doch es kommen auch Fehler vor. Eine Wettervorhersage gilt als richtig, wenn die tatsächliche Temperatur um höchstens 2° und die Windgeschwindigkeit um höchstens 8 km/h von der Vorhersage abweichen.

Wie oft stimmt die Wettervorhersage?

9 von 10 Wettervorhersagen sind heutzutage richtig.

Wer waren die ersten Meteorologen?

Während der Renaissance im 17. Jahrhundert erfanden Wissenschaftler wie Galileo und Torricelli in Italien verschiedene Geräte, um Wetterverhältnisse zu beobachten. Damit legten sie die Grundlage für die moderne Meteorologie.

Wann wurde die erste Wettervorhersage gemacht?

Die ersten Wettervorhersagen wurden 1869 in den USA veröffentlicht.

Wie wurden die ersten Wettervorhersagen veröffentlicht?

Die ersten Wettervorhersagen wurden telegrafisch übermittelt.

Wie entsteht ein Wetterbericht?

Damit Meteorologen Voraussagen über das Wetter machen können, müssen zuerst viele Informationen gesammelt werden. Überall auf der Welt führen Menschen und Geräte Messungen durch, die zusammengetragen werden. Geräte an Land, auf dem Meer, in der Luft und im Weltraum liefern Daten für ein Netzwerk, das Wissenschaftler in aller Welt nutzen und auswerten.

Die mit Helium gefüllten Ballons platzen, wenn sie eine bestimmte Höhe erreichen.

Instrumente in der langen Nase des Wetterflugzeugs messen Temperatur und Luftfeuchtigkeit.

Was ist ein Wetterballon?

Wetterballons benutzt man zum Messen von Luftfeuchtigkeit, Luftdruck und Temperatur in Höhen bis zu 20 Kilometern. Die Messwerte werden von Funksonden aufgezeichnet, die unter dem Ballon hängen. Diese übermitteln die Daten an Bodenstationen. Windstärke und -richtung kann man messen, indem man die Flugbahn des Ballons beobachtet.

Die Funksonden haben einen kleinen Fallschirm, aber nicht alle werden nach der Landung gefunden.

Wie werden Wetterdaten mit Flugzeugen gesammelt?

Mit Forschungsflugzeugen kann man detaillierte Informationen über die Atmosphäre sammeln. Sie sind mit komplizierten Radar- und Lasergeräten ausgestattet und machen dreidimensionale Aufnahmen der Wolken in verschiedenen Schichten der Atmosphäre. Manche Flugzeuge werden nur zum Beobachten von Hurrikanen eingesetzt, sie fliegen sogar bis ins Zentrum des Sturms. Die Informationen von Flugzeugen sind genauer als die von Wetterballons.

Wie wird das Wetter an Land beobachtet?

In abgelegenen Gebieten sammeln automatische Wetterstationen Daten. Sie sind mit vielen Instrumenten und Computern ausgerüstet und nehmen Informationen auf, die sie stündlich über Satellit weiterleiten. Auch kleinere Stationen mit wenigen und einfachen Instrumenten spielen für die Wettervorhersage eine wichtige Rolle.

Automatische Wetterstationen findet man beispielsweise in der Antarktis.

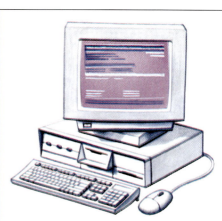

Wie helfen Computer bei der Wettervorhersage?

Computer braucht man, um alle Wetterinformationen zu sammeln. Meteorologen benutzen sie auch zum Ausarbeiten einer Vorhersage. Mit einer speziellen Software wird aus den gesammelten Daten ein „Modell" des voraussichtlichen Wetters entwickelt.

WETTER UND KLIMA

WAS TUN SATELLITEN FÜR DIE WETTERVORHERSAGE?

Satelliten werden für zwei Zwecke gebraucht. Einige dienen nur dazu, Wetterdaten rund um die Welt zu senden, während spezielle Wettersatelliten die Bewegungen von Wettersystemen und Wolkendecken beobachten und aufzeichnen. Es gibt zwei Arten von Wettersatelliten. Geostationäre Satelliten stehen immer über einem bestimmten Punkt der Erde und beobachten ein festes Gebiet. Andere umkreisen die Erde von Pol zu Pol. Wegen der Umdrehung der Erde ziehen sie dabei immer über andere Gebiete.

Es gibt etwa fünf geostationäre Wettersatelliten, die über der Erde „stehen".

Die Informationen der Wettersatelliten werden zu Stationen auf der Erde gesendet.

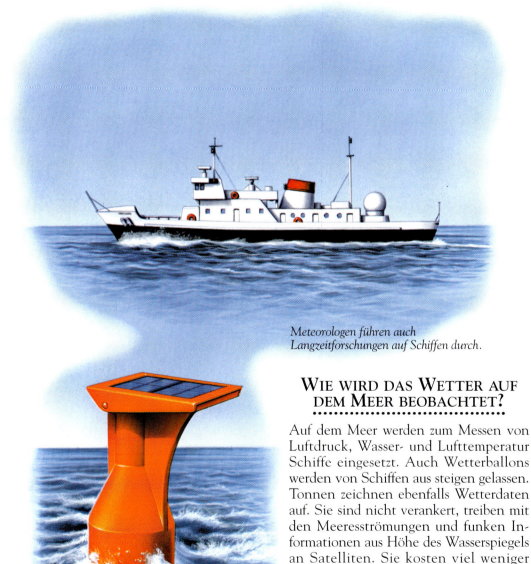

Meteorologen führen auch Langzeitforschungen auf Schiffen durch.

WIE WIRD DAS WETTER AUF DEM MEER BEOBACHTET?

Auf dem Meer werden zum Messen von Luftdruck, Wasser- und Lufttemperatur Schiffe eingesetzt. Auch Wetterballons werden von Schiffen aus steigen gelassen. Tonnen zeichnen ebenfalls Wetterdaten auf. Sie sind nicht verankert, treiben mit den Meeresströmungen und funken Informationen aus Höhe des Wasserspiegels an Satelliten. Sie kosten viel weniger Geld als Forschungsschiffe.

Ein Sender auf der Tonne meldet dem Satelliten auch die eigene Position.

Wusstest du …?

WANN WERDEN WETTERBALLONS STEIGEN GELASSEN?

Etwa 500 Wetterstationen auf der ganzen Erde lassen genau gleichzeitig Wetterballons steigen: um Mitternacht und Mittag nach Greenwich-Zeit.

WANN WURDE DER ERSTE WETTERSATELLIT AUSGESETZT?

1960 brachten die USA den ersten Wettersatelliten TIROS in seine Umlaufbahn. Er sendete die ersten aus dem All aufgenommenen Bilder von Wolken, die um die Erde ziehen.

WAS ERFAND LEWIS FRY RICHARDSON?

In den 1920er Jahren erfand der britische Mathematiker Richardson eine rechnerische Möglichkeit zur Wettervorhersage. Doch diese Berechnungen waren so kompliziert, dass man sie erst 20 Jahre nach ihrer Veröffentlichung nutzen konnte, als nämlich die Computer erfunden waren.

WAS SIEHT MAN AUF EINEM WETTER-RADAR?

Auf einem Wetter-Radar sieht man, wo und wie viel Regen, Hagel oder Schnee fällt. Die Geräte senden Wellen aus, die von den Regentropfen oder Schneeflocken reflektiert und von einem Empfänger aufgefangen werden. Stärke und Ort des Niederschlags werden auf dem Radarschirm in Farbe angezeigt.

WAS IST DIE „WORLD METEOROLOGICAL ORGANIZATION"?

Der World Meteorological Organization gehören Wissenschaftler in 150 Ländern der Erde an, die Daten von Wettersatelliten, Ballons, Schiffen und Stationen an Land auswerten. Sie nutzen alle Informationen gemeinsam, um möglichst genaue und aktuelle Vorhersagen machen zu können.

WAS VERRÄT DIE NATUR ÜBER DAS WETTER?

Schon seit Jahrtausenden beobachten die Menschen Veränderungen in der Natur, um das Wetter vorherzusagen. Manche dieser Weisheiten sind nur Volks- und Aberglaube. Einige Pflanzen und Tiere reagieren aber empfindlicher als wir Menschen auf Veränderungen in der Luft und können so einen Wetterwechsel ankündigen.

WAS BEDEUTEN ABENDROT UND MORGENROT?

In Mitteleuropa gilt Abendrot als Vorzeichen für gutes Wetter, während Morgenrot schlechtes Wetter ankündigen soll. Weil wegen der vorherrschenden Windrichtung das Wetter meist von Westen her aufzieht, sieht man seit alter Zeit einen Sonnenuntergang in klarem Himmel als Vorboten eines schönen Tages an. Ist der klare Himmel dagegen morgens sichtbar, zieht das schöne Wetter nach Osten weg.

WIE KANN BLASENTANG VOR REGEN WARNEN?

Ein Stück Blasentang ist ein guter Anzeiger für Luftfeuchtigkeit. Wenn die Luft trocken ist, verdunstet das Wasser aus dem Tang, er wird hart und spröde. Steigt die Luftfeuchtigkeit, nimmt er wieder Wasser auf, dehnt sich aus und wird weich. Eine hohe Luftfeuchtigkeit ist ein sicheres Warnzeichen für drohenden Regen. In Küstenregionen sieht man häufiger solche Stücke Tang an den Häusern hängen.

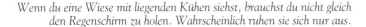

Blasentang kann verraten, ob es trocken bleibt oder regnen wird.

KOMMT REGEN, WENN SICH DIE KÜHE HINLEGEN?

Eine Bauernregel sagt, dass es Regen gibt, wenn sich die Kühe hinlegen. Dahinter steckt die Vorstellung, dass die Kühe die steigende Luftfeuchtigkeit spüren und sich hinlegen, um ein Fleckchen Gras trocken zu halten. Allerdings stimmt diese Regel nicht. Kühe legen sich hin, wenn sie müde sind – ob es regnen wird, oder nicht. Als Wetterpropheten sind sie weniger geeignet.

Wenn du eine Wiese mit liegenden Kühen siehst, brauchst du nicht gleich den Regenschirm zu holen. Wahrscheinlich ruhen sie sich nur aus.

WAS VERRATEN TANNENZAPFEN ÜBER DAS WETTER?

Tannenzapfen gehören zu den besten Wetter-Anzeigern. Bei trockenem Wetter öffnen sie sich weit, bei hoher Luftfeuchtigkeit schließen sie sich und warnen so vor nahendem Regen. Normalerweise sind Tannenzapfen geschlossen, nur wenn sie austrocknen, öffnen sie sich. Wenn die Luft feucht ist, werden sie wieder geschmeidig und kehren in ihre ursprüngliche Form zurück.

Der weit geöffnete Tannenzapfen zeigt an, dass die Luft trocken ist und das Wetter schön bleibt.

Wenn ein Tannenzapfen sich schließt, muss man damit rechnen, dass es bald regnen wird.

WAS VERRATEN BLÜTEN ÜBER DAS WETTER?

Traditionell feiert man das Ende des Winters und den Beginn des Frühlings, wenn die Bäume Blüten tragen. Bäume blühen nur bei mildem Wetter, doch wer in gemäßigtem Klima lebt, kennt auch späte Frosteinbrüche nach der Baumblüte. Weil Daten wie die Obstbaumblüte über viele Jahre aufgeschrieben wurden, wissen wir einiges über das Wetter der Vergangenheit.

In Japan ist es seit Jahrhunderten Tradition, das Datum zu notieren, an dem die Kirschblüten sich öffnen.

WAS IST DER MURMELTIERTAG?

In den USA ist der 2. Februar ein wichtiger Tag für die Wetterpropheten. Es heißt, dass an diesem Tag ein Murmeltier aus dem Winterschlaf erwacht und nach dem Wetter schaut. Scheint die Sonne, sodass es seinen Schatten sieht, kriecht es wieder in seinen Bau, denn es meint, dass noch sechs kalte Wochen folgen. Ist es aber bedeckt (und kein Schatten zu sehen), rechnet es mit mildem Wetter und bleibt draußen. Die Tradition stammt aus Europa, wo man am 2. Februar Lichtmess feiert, einen Festtag genau auf der Hälfte zwischen der Wintersonnenwende und den Frühlingsäquinoktien.

Wetterberichte haben nachgewiesen, dass das Murmeltier kein verlässlicher Wetterprophet ist. Tatsächlich ist ein sonniger 2. Februar eher ein Vorbote für sechs sonnige Wochen.

Wusstest du …?

WER WAR ST. SWITHIN?

In England sagt man, wenn es am St-Swithinstag regnet, dann regnet es während der nächsten 40 Tage und Nächte. St. Swithin war im 9. Jahrhundert Bischof von Winchester. Als er in der Kathedrale der Stadt beerdigt wurde, soll es heftig geregnet haben.

SPÜREN MANCHE MENSCHEN DAS WETTER IN DEN KNOCHEN?

Menschen, die an der Gelenkkrankheit Rheuma leiden, haben bei kaltfeuchtem Wetter größere Beschwerden, weil dann ihre Gelenke weniger geschmeidig sind.

WIE REAGIERT WOLLE AUF FEUCHTIGKEIT?

Bei trockener Luft schrumpft ein Schafswollfaden und wird kraus. Ist die Luft feucht, dehnt sich der Faden aus und wird glatt.

WARUM SCHLIESSEN MANCHE BLUMEN IHRE BLÜTEN VOR EINEM REGEN?

Viele Blumen, die bei Sonnenschein ihre Blüten weit öffnen, schließen sie, wenn Regen droht. Wahrscheinlich verhindern sie so, dass der Pollen durch den Regen weggeschwemmt wird.

WARUM SUCHEN VÖGEL UNTERSCHLUPF, WENN EIN STURM NAHT?

Wenn Vögel tagsüber Unterschlupf suchen, meinen viele Menschen, dass ein Sturm naht. Stürmisches Wetter geht mit niedrigem Luftdruck einher, in dem Vögeln das Fliegen schwerer fällt. Außerdem gibt es weniger Thermik, die sie zum Aufsteigen in die Höhe nutzen können.

FRÖSCHE ALS BAROMETER?

In manchen Gegenden meint man, dass Frösche ein natürliches Barometer sind und zu quaken beginnen, wenn der Luftdruck sinkt.

WIE KANN ICH DAS WETTER BEOBACHTEN?

Mit den Experimenten auf diesen Seiten kannst du selbst Informationen über das Wetter sammeln und Veränderungen beobachten. Sie machen viel Spaß und eignen sich auch als Schulprojekt. Bei einigen brauchst du vielleicht Hilfe. Vergiss nicht, deine Ergebnisse aufzuschreiben.

WIE BAUT MAN EINEN REGENMESSER?

Ganz ähnlich sehen auch die Regenmesser in Wetterstationen aus. Miss den Wasserstand (in Millimetern) jeden Morgen nach. Ist zu wenig Wasser zum Messen im Behältnis, spricht man von einer „Spur".

DU BRAUCHST:

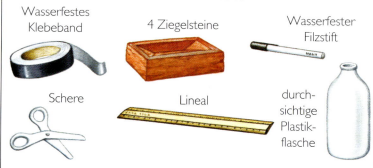

Wasserfestes Klebeband

4 Ziegelsteine

Wasserfester Filzstift

Schere

Lineal

durchsichtige Plastikflasche

SO GEHT ES:

1 Bitte einen Erwachsenen, den oberen Teil der Flasche abzuschneiden.

2 Zeichne eine Skala auf das wasserfeste Klebeband und klebe es auf das Unterteil der Flasche.

3 Stecke das Oberteil kopfüber in das Unterteil. Es dient als Trichter für das Wasser.

4 Stelle den Regenmesser an einen freien Platz und klemme ihn mit den vier Ziegelsteinen fest.

KANN ICH EINE WOLKE MACHEN?

Mit diesem einfachen Experiment kannst du in einer Flasche deine eigene Wolke machen. Lass dir beim Hantieren mit heißem Wasser lieber von einem Erwachsenen helfen.

DU BRAUCHST:

  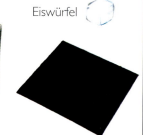

Glasflasche

Heißes Wasser

Schwarzes Papier

Eiswürfel

SO GEHT ES:

1 Fülle die Flasche mit dem heißen Wasser und lasse sie etwa fünf Minuten stehen.

2 Gieße etwa drei Viertel des Wassers aus, dann lege den Eiswürfel auf die Öffnung der Flasche.

3 Halte das schwarze Papier hinter die Flasche und beobachte, was geschieht.

WAS GESCHIEHT?

Die warme Luft verwandelt einen Teil des Wassers in Dampf. Wenn der Wasserdampf aufsteigt, trifft er auf die kalte Luft unter dem Eiswürfel. Dort kondensiert er und bildet oben in der Flasche eine Wolke.

WETTER UND KLIMA

KANN MAN REGEN MACHEN?

Dieses Experiment zeigt, wie in einer Wolke Regen entsteht. Lege zuerst einen Esslöffel aus Metall für eine halbe Stunde ins Tiefkühlfach. Dann koche Wasser in einem Teekessel auf und stelle eine Untertasse unter die Tülle. Fasse den gekühlten Löffel mit einem Topflappen an und halte ihn in den Dampf, der aus dem Kessel kommt. Der Dampf kondensiert und bildet Tröpfchen, die vom Löffel herabfallen.

KANN MAN EINEN REGENBOGEN MACHEN?

Mit diesen beiden Experimenten kannst du an einem sonnigen Tag selbst einen Regenbogen machen – im Zimmer und draußen. Du brauchst dazu nur Wasser, welches das Sonnenlicht in seine Spektralfaben bricht. Wer keinen Gartenschlauch hat, kann für das zweite Experiment auch einen Blumensprüher verwenden – aber vorher um Erlaubnis fragen!

Stelle ein Glas mit Wasser auf eine sonnige Fensterbank. Lege ein weißes Stück Papier auf einen Tisch gleich hinter der Fensterbank. Verschiebe das Papier so lange, bis du den Regenbogen sehen kannst.

Dieses Experiment funktioniert am besten, wenn die Sonne flach steht – morgens oder am frühen Abend. Dreh dich mit dem Rücken zur Sonne und versprühe das Wasser zu feinem Nebel. Vor einem dunklen Hintergrund siehst du die Farben am besten.

WIE BAUT MAN EIN ANEMOMETER?

Ein echtes Anemometer ist teuer. Dieses selbst gebastelte Modell funktioniert ebenso gut. Alle Zutaten bekommst du im Haushaltswaren- oder Bastelladen.

DU BRAUCHST:

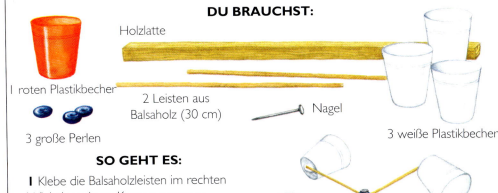

1 roten Plastikbecher
Holzlatte
2 Leisten aus Balsaholz (30 cm)
Nagel
3 große Perlen
3 weiße Plastikbecher

SO GEHT ES:

1 Klebe die Balsaholzleisten im rechten Winkel zu einem Kreuz zusammen.
2 Wenn der Leim trocken ist, bitte einen Erwachsenen, mit einem Nagel ein Loch in die Kreuzung zu stechen. Nimm den Nagel heraus.
3 Klebe die Becher mit den Böden an die Enden der Leisten. Sie müssen alle in die gleiche Richtung zeigen.
4 Fädele eine Perle auf den Nagel, dann schiebe ihn durch das Loch und fädele die beiden anderen Perlen darauf.
5 Nun wird der Nagel in das Kopfende der Holzlatte gehämmert. Lass dir dabei helfen.

Halte dein Anemometer in den Wind. Beobachte den roten Becher und zähle, wie viele Kreise er in einer Minute zieht. Schreibe deine Beobachtungen auf.

Wusstest du …?

WIE OFT MUSS MAN WETTERBEOBACHTUNGEN NOTIEREN?

Damit dein Bericht genau wird, solltest du möglichst oft und immer zur gleichen Tageszeit Messungen durchführen und Ergebnisse aufschreiben.

HAST DU EIN WETTERHEFT?

Du könntest besondere Wetterereignisse in deiner Gegend in einem speziellen Heft notieren. Klebe dazu Zeitungsartikel und Fotos ein, vielleicht auch die Wetterkarte des Tages.

WO KANN ICH MEHR HERAUSFINDEN?

Sieh dich einmal in der Bücherei nach weiteren Büchern über das Wetter um. Im Internet kannst du viele Informationen sammeln und auch Adressen von Interessengruppen und Organisationen finden.

WIE SÄT MAN WOLKEN?

Das „Impfen" von Wolken ist ein wissenschaftliches Verfahren, um Regen- oder Schneefall auszulösen. Dazu werden mit Flugzeugen bestimmte Stoffe, z.B. Silberjodid, Trockeneis oder flüssiges Propan, in Regenwolken verbracht. Diese Stoffe fördern die Bildung von Regen, indem sie den Wassertröpfchen etwas liefern, an dem sie festfrieren können. Wissenschaftler sprechen von Eis-Nuklei. Haben sich genug Tröpfchen an den Nuklei angelagert, werden sie schwer genug, um zur Erde zu fallen. Bei diesem Verfahren werden keine Wolken neu erzeugt, aber vorhandene Wolken werden zum Regnen gebracht.

Künstlich angeregter Regen wird in Gebieten mit geringem Niederschlag genutzt, um der Landwirtschaft zu helfen. In Zukunft wird man vielleicht auch Wolken erzeugen können und so die Probleme von Dürren verringern.

Die Kristalle regen die Bildung von Eis an, das als Regen oder Schnee zu Boden fällt.

KANN MAN DIE KRAFT EINES HURRIKANS BREMSEN?

Hurrikane gehören zu den zerstörerischsten Wetterextremen. Ein Hurrikan der Stärke 5 besitzt ebenso viel Energie wie alle Kraftwerke der Erde zusammen. Es wäre sehr hilfreich, wenn man diese Gewalt kontrollieren könnte. Amerikanische Forscher experimentieren damit, dem Hurrikan mit kochendem Öl die Energiezufuhr abzuschneiden. Von einem Flugzeug aus soll ein dünner Ölfilm auf das Wasser gesprüht werden. So wird die Verdunstung von Wasser in die Atmosphäre, die dem Hurrikan seine Wärme und Energie liefert, verhindert. Jedes Öl wäre dafür geeignet, am wenigsten umweltschädlich ist aber Pflanzenöl. Vielleicht kann man Hurrikane auch mit einer Technik, die dem „Wolken-Impfen" ähnelt, abkühlen.

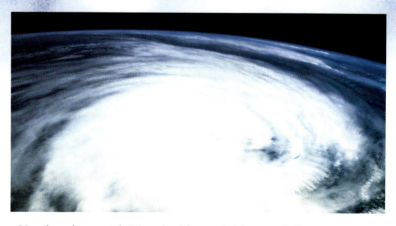

Hurrikane kosten viele Menschenleben und richten große Zerstörungen an. Es wäre nützlich, ihre enorme Kraft kontrollieren zu können. Forscher experimentieren, haben aber noch keine sicheren Lösungen gefunden.

WIE WOLLEN WISSENSCHAFTLER TORNADOS ZÄHMEN?

Forscher halten es für möglich, Tornados zu ersticken. Satelliten könnten Mikrowellen-Strahlen auf die Unterseite eines Gewitters senden. Dadurch wird die aufsteigende Kaltluft, die den Tornado erzeugt, erwärmt und ein Tornado kann gar nicht erst entstehen. Das klingt wie Science Fiction, und manche Forscher sind auch davon überzeugt, dass es nicht funktionieren würde.

Der Satellit sendet einen Mikrowellenstrahl auf den Trichter des Tornados.

Der Strahl erhitzt die aufsteigende Kaltluft und schwächt so den Tornado.

KANN MAN DEN BLITZ KONTROLLIEREN?

Die nächste Generation von Blitzableitern könnte eine Art Laserpistole sein. Feuert man einen Laserstrahl vom Boden in eine Gewitterwolke, werden die Luftmoleküle auf seinem Weg elektrisch aufgeladen und bilden so einen Weg, dem der Blitz folgt. Hat der Blitz diesen Weg eingeschlagen, kann man seine Energie neutralisieren. Mit dieser Technik möchte man Blitze von allein stehenden Bauten, z.B. Hochspannungsmasten, weglenken.

KANN MAN HAGEL VERHINDERN?

Weil Hagel immer wieder schwere Schäden an den Ernten anrichtet, wurden viele Versuche unternommen, seine Entstehung zu verhindern. Mit Techniken ähnlich dem „Wolken-Impfen" hat man versucht, den Hagel in Regen zu verwandeln, doch ohne Erfolg. Im frühen 20. Jahrhundert feuerten französische Weinbauern Kanonen auf Hagelwolken ab, die mit Steinchen und Schutt geladen waren. Sie wollten damit die Hagelkörner zerschlagen. Der Erfolg blieb aber aus.

Der Einsatz von Anti-Hagel-Kanonen war kein Erfolg. Immer wieder kamen Menschen am Boden zu Schaden, und der Hagel fiel trotzdem.

Wusstest du …?

DARF DAS MILITÄR DAS WETTER BEEINFLUSSEN?

Die Beeinflussung des Wetters ist sehr umstritten. Angeblich soll die Armee der USA im Vietnamkrieg Wolken zum Abregnen gebracht haben, um Gebiete zu überfluten und unpassierbar zu machen. Die Beeinflussung des Wetters zu militärischen Zwecken wurde von den Vereinten Nationen verboten.

WANN WURDE DAS WOLKEN-SÄEN ERFUNDEN?

Die US-Firma General Electric entdeckte das Prinzip bei Laborversuchen im Jahre 1947.

WIE HABEN ALTE VÖLKER VERSUCHT, DAS WETTER ZU BEEINFLUSSEN?

In vielen alten Kulturen gab es besondere Rituale, mit denen die Götter um günstiges Wetter gebeten wurden – meist Regen oder Sonnenschein.

Wie hat das Wetter die Geschichte beeinflusst?

Im Laufe der Geschichte hat das Wetter immer wieder die Ereignisse beeinflusst. Schlechte Wetterverhältnisse hatten Anteil am Ausgang von Schlachten und Feldzügen. Klimaveränderungen über längere Zeit führten zum Ende mancher Zivilisationen und zur Entstehung anderer.

Wie besiegte das Wetter Napoleon in Russland?

Napoleon Bonaparte war einer der größten Heerführer der Geschichte. Durch kluge Taktik trug er vor etwa 200 Jahren viele Siege davon, durch die er große Teile Europas beherrschte. Das Wetter bescherte ihm schließlich eine große Niederlage. Im Sommer 1812 drang er nach Russland ein, eroberte Moskau und verfolgte die Russen weiter ins Land. Im November wurden die Vorräte knapp und Napoleon musste mit seiner Armee den Rückzug antreten. Doch in der eisigen Kälte des russischen Winters kamen Tausende seiner Soldaten ums Leben.

Was geschah bei der Schlacht von Waterloo?

Drei Jahre nach dem Rückzug aus Russland stand Napoleon bei Waterloo den verbündeten preußischen und englischen Armeen gegenüber. Wieder spielte das Wetter ihm übel mit. Der Boden war vom Regen aufgeweicht, Napoleons Angriff wurde verzögert. So gewannen die Verbündeten unter der Führung des Herzogs von Wellington Zeit, weitere Truppen und Vorräte herbeizuschaffen, was ihnen schließlich zum Sieg verhalf.

Tausende französische Soldaten starben auf dem Rückzug aus Russland. Kälte und Hunger raubten ihnen die Kraft. Mit dieser Katastrophe begann Napoleons beherrschende Rolle in Europa zu schwinden.

Brachte eine Dürre das Ende der Maya-Kultur?

Vor 1200 Jahren blühte im heutigen südlichen Mexiko, in Belize und Guatemala die Zivilisation der Maya. Die Maya waren ausgezeichnete Astronomen und Mathematiker, ihre Gesellschaft war stabil und sicher. Trotzdem erlebte die Zivilisation im 9. Jahrhundert einen plötzlichen und verheerenden Zusammenbruch. Seit langer Zeit suchen Archäologen nach einer Erklärung für das Schicksal der Maya. Neue Forschungsergebnisse deuten darauf hin, dass eine Dürre die Ursache gewesen sein könnte. Schlammproben vom Grund des Chichancanab-Sees in der mexikanischen Region Yukatan beweisen, dass es im 9. Jahrhundert dort trockener war als in den vorangegangenen 7000 Jahren.

Ruinen der großartigen Maya-Tempel findet man an vielen Orten in den Regenwäldern Zentralamerikas. Man kann sich in der üppigen, tropischen Region eine Dürre kaum vorstellen. Forscher vermuten aber, dass eine starke Klimaveränderung – wahrscheinlich durch El Niño ausgelöst – die Ursache für den Untergang einer der größten Zivilisationen der Welt war.

Warum waren Überschwemmungen für das Alte Ägypten so wichtig?

Der Nil war die Quelle von Leben und Wohlstand in Ägypten. Um ihre Felder zu bewässern, waren die alten Ägypter von regelmäßigen Überschwemmungen abhängig. Forschungen zeigen jedoch, dass diese stark schwankten. Klimaforscher und Historiker haben Verbindungen zwischen schwachen Hochwassern und Phasen der Unruhe in der ägyptischen Bevölkerung aufgedeckt. Es zeigt sich, dass nach schwachen Hochwassern Hungersnöte folgten, die zu Seuchen und Unruhen führten – und möglicherweise zum Untergang des Alten Reiches.

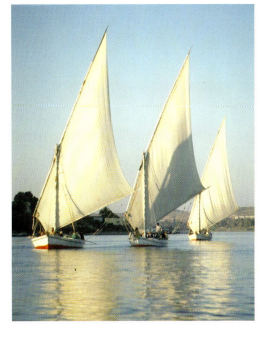

Noch heute ist der Nil ein wichtiges Element im Leben Ägyptens. Vielleicht hat sein ausbleibendes Hochwasser zum Untergang des ersten Pharaonenreiches geführt.

Gab es die Sintflut, von der das Alte Testament erzählt, wirklich?

Manche Forscher meinen, dass beim Schmelzen der Gletscher vor 7000 Jahren das Mittelmeer überlief und eine Verbindung zum Schwarzen Meer entstand, das bis dahin ein Süßwassersee gewesen war. Eventuell ist dies das Ereignis, auf dem Legenden aus dem Nahen Osten und die biblische Erzählung von der zerstörerischen Sintflut basieren.

Wusstest du …?

Wie beeinflusste El Niño die Inka?

Die Inka in Peru opferten Menschen, um ihre Götter um freundliches Wetter zu bitten. Das schlechte Wetter wurde vermutlich durch El Niño verursacht.

Hat der russische Winter den 2. Weltkrieg beeinflusst?

1942 verhinderten dicke Wolkenschichten, dass die deutsche Luftwaffe russische Stellungen bombardieren konnten. So erhielten die Russen Gelegenheit, sich zu verteidigen.

Brachte El Niño Menschen auf die Osterinsel?

Wahrscheinlich halfen die Gegenströmungen von El Niño den Polynesiern, 1000 Meilen weit bis zur Osterinsel zu segeln.

Warum hatte Christoph Kolumbus Glück?

Er hatte Glück, weil er während der Hurrikan-Saison in der Karibik eintraf und dennoch keinen Schiffbruch erlitt.

WEM NÜTZEN WETTERVORHERSAGEN?

Wettervorhersagen nützen allen Menschen, aber einige hören genauer zu als andere. Bei schlechten Wetterverhältnissen drohen Gefahren auf den Straßen, auf See und in der Luft, darum sind Transport- und Sicherheitsorganisationen stets über das Wetter informiert. Viele Geschäftszweige, von Landwirtschaft und Fischfang bis zu Hotels und Restaurants, sind vom Wetter abhängig, darum kann ihnen die Vorhersage bei der Planung helfen.

Es ist gut, wenn man vorher weiß, ob es regnen wird, sodass man einen Regenschirm mitnimmt oder eine Regenjacke anzieht. Für Menschen, deren Leben oder Lebensunterhalt vom Wetter abhängt, haben Wettervoraussagen größere Bedeutung.

WARUM SIND WETTERVORHERSAGEN FÜR DIE MENSCHEN AUF SEE WICHTIG?

Menschen, die auf See arbeiten, brauchen genaue und spezielle Wetterberichte, weil starker Sturm mit hohen Wellen ihr Leben in Gefahr bringen kann. Fischer wählen nach der Wetterlage ihre Fanggründe aus, Sportsegler planen ihre Regattataktik nach dem Wind. Alle Seeleute hören über Radio und Küstenfunkstationen den Seewetterbericht, der vor allem Windrichtung und -geschwindigkeit angibt, aber auch Sicht und Luftdruck.

Seeleute und Menschen auf Bohrinseln achten auf Sturmwarnungen, weil ihr Leben davon abhängen kann, dass sie über Ort und Stärke eines Sturms genau informiert sind.

WARUM SIND WETTERVORHERSAGEN FÜR DIE ARBEIT EINES BAUERN WICHTIG?

Bauern müssen auf das Wetter achten, um ihre Ernten richtig zu pflegen und ihr Vieh zu versorgen. Wissen sie, ob Frost oder Regen droht, stimmen sie den Zeitpunkt von Aussaat oder Ernte darauf ab. Genaue Wettervorhersagen helfen den Bauern auch dabei, Spritzmittel richtig einzusetzen. Wenn es kurz nach dem Spritzen regnet, werden die Mittel abgewaschen und nützen nicht – dann hat der Bauer Zeit und Geld verschwendet. Wettervorhersagen für die Landwirtschaft liefern möglichst viel Information für die folgenden 7 bis 10 Tage.

Genaue Wettervorhersagen sind für die Arbeit eines Bauern sehr wichtig.

Wie wird Sport durch das Wetter beeinflusst?

Fast alle Sportarten, die im Freien stattfinden, können durch schlechtes Wetter beeinträchtigt werden. Rasen-Tennisplätze ohne Dach sind nach starkem Regen oft nicht bespielbar. In England, wo es im Sommer oft unvorhergesehen regnet, werden häufig Kricketspiele wegen des Wetters abgebrochen. Fußball und Rugby kann man, außer bei Frost und bei starkem Schneefall, bei fast jedem Wetter spielen, aber das Wetter kann die Taktik und das Spielergebnis beeinflussen.

Für Kricket ist gutes Licht wichtig. An bedeckten, trüben Tagen werden Spiele manchmal abgebrochen, weil die Spieler den Ball nicht mehr sehen können. Am Abend wird gelegentlich bei Flutlicht gespielt – mit einem fluoreszierenden Ball und Spielern in farbiger Ausrüstung.

Golfspieler achten vor allem auf Richtung und Geschwindigkeit des Windes. Sie wählen danach ihre Schläger aus und spielen entsprechend.

Tennis kann auch durch die Luftfeuchtigkeit beeinflusst werden. In trockener Luft bewegt sich der Ball schneller als in Luft, die voll Feuchtigkeit ist.

Regen spielt bei Pferderennen eine wichtige Rolle. Manche Pferde laufen besser auf trockenem Boden, andere auf feuchtem, weichem Grund. Wer eine Wette abschließen will, sollte das bedenken.

Wusstest du …?

Wie nutzen Flughäfen die Wettervorhersage?

Flughäfen brauchen spezielle Geräte, um die Rollbahnen frei von Eis und Schnee zu halten. Die Wettervorhersage hilft ihnen, die Ausrüstung rechtzeitig vorzubereiten. Nebel und starker Wind können auf Flughäfen sehr gefährlich sein. In extremen Fällen werden Starts verschoben und ankommende Flugzeuge auf einen anderen Flughafen umgeleitet.

Wie werden die Strassen bei Eis gesichert?

Wenn Glatteis droht, schicken die Straßenmeistereien Fahrzeuge aus, die Salz und Splitt streuen. Dadurch wird verhindert, dass sich auf den Straßen eine Eisdecke bildet.

Kann man auf das Wetter wetten?

In England wetten die Menschen gern, und manche Buchmacher nehmen auch Wetten auf das Wetter an. Beliebt ist die Wette, ob es zu Weihnachten schneien wird oder nicht. Wer auf weiße Weihnachten gewettet hat, gewinnt, sofern am Weihnachtstag Schnee auf das Dach der Londoner Wetterwarte fällt.

Wie beeinflusst Regen Autorennen?

Formel-1-Rennwagen brauchen für jedes Wetter spezielle Reifen. Bei Regen sind Reifen nötig, die auf der Fahrbahn einen guten Griff haben. Außerdem sind die Durchschnittsgeschwindigkeiten bei Nässe geringer.

Können Blätter Züge anhalten?

In manchen Ländern beeinträchtigen Blätter den Zugverkehr. Wenn im Herbst viele Blätter fallen, werden die Schienen rutschig und die Züge können nicht mehr sicher stoppen. Dann müssen spezielle Reinigungsfahrzeuge ausgeschickt werden, um die Schienen zu säubern.

BEGRIFFE

Äquator Eine gedachte Linie, die sich genau in der Mitte zwischen den beiden Polen um die Erde zieht.

Atmosphäre Eine Schicht aus verschiedenen Gasen, die die Erde wie eine Hülle umgibt und durch die Erdanziehungskraft festgehalten wird.

Atom Der kleinste Teil eines Stoffes, der nicht weiter geteilt werden kann.

Dampf Das Gas eines Stoffes, der normalerweise fest oder flüssig ist, z.B. Wasserdampf.

Dürre Ein langer Zeitraum ohne Niederschläge.

Eiszeit Ein längerer Zeitraum, in dem sich das Klima auf der Erde stark abkühlt und die Eismenge zunimmt.

Gemäßigtes Klima Ein Klima, in dem normalerweise keine extremen Wetterverhältnisse vorkommen.

Hemisphäre Eine Hälfte der Erde. Teilt man die Erde entlang des Äquators, erhält man die nördliche und die südliche Hemisphäre oder Erdhalbkugel.

Hurrikan Ein schwerer tropischer Sturm, bei dem der Wind sehr schnell um das Zentrum mit niedrigem Luftdruck wirbelt.

Jahreszeiten Sie entstehen, weil zu verschiedenen Zeiten jeweils andere Teile der Erde zur Sonne hin geneigt sind. Der Frühling beginnt beispielsweise, wenn ein Bereich der Erde sich der Sonne zuneigt.

Klima Die allgemeinen Wetterverhältnisse einer bestimmten Region, die über viele Jahre wiederkehren.

Klimatologie Die Wissenschaft, die sich mit dem Klima und seinen Veränderungen beschäftigt.

Kondensation Der Vorgang, bei dem Dampf abkühlt und sich in eine Flüssigkeit verwandelt.

Konvektion Der Austausch von Wärme durch die Bewegung von Gas oder Flüssigkeit. Auf diese Weise bewegt sich die Wärme in der Atmosphäre.

Meteorologie Die Wissenschaft, die sich mit der Atmosphäre beschäftigt, um das Wetter vorherzusagen. Wetterforscher nennt man Meteorologen.

Molekül Der kleinste Teil eines Stoffes, der aus mehr als einem chemischen Element besteht und den grundlegenden chemischen Aufbau des Stoffes hat.

Monsun Ein Wind, der zu bestimmten Zeiten in den Tropen und Subtropen auftritt und große Mengen Regen bringt.

Niederschlag Alle Formen von Wasser, die zur Erde fallen – als Regen, Schnee, Graupel oder Hagel.

Refraktion Die Brechung vom Licht, das durch einen Gegenstand oder einen Stoff tritt. Wir sehen einen Regenbogen, wenn das Licht durch Regentropfen tritt und dabei gebrochen wird.

Strahlung Die Übertragung z.B. von Wärme in Form von Energiewellen. Die Sonnenwärme gelangt als Strahlung zur Erde.

Thermometer Ein Gerät zum Messen der Temperatur.

Tropisches Klima Das heiße Klima im Bereich des Äquators, etwa zwischen 23° nördlicher und südlicher Breite.

Verdunstung Der Vorgang, bei dem sich eine Flüssigkeit in Dampf verwandelt.

Wetterkarte Eine spezielle Landkarte, auf der Informationen über das Wetter eingezeichnet sind und die beim Berechnen von Wettervorhersagen hilft.

Wettervorhersage Die Vorhersage der Wetterverhältnisse bis zu einer Woche im Voraus.

Unsere Erde

WIE ALT IST DIE ERDE?

Die Erde gibt es schon unglaublich lange, ihr genaues Alter kann man nicht bestimmen. Vor ungefähr 5000 Millionen Jahren war unser Planet nur ein Teil einer Wolke aus Gas und Staub, die durch den Weltraum wirbelte. Etwa um diese Zeit haben sich die Stoffe der Wolke dann zusammengeballt. Dabei sind die Sonne, die Erde und die anderen Planeten unseres Sonnensystems entstanden.

WIE ENTSTAND DIE ERDE?

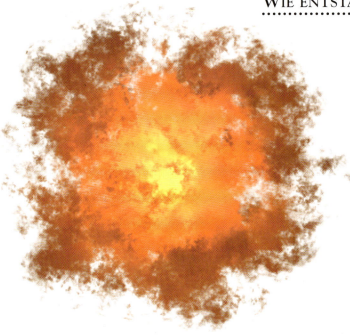

1 Die Erde und die anderen Planeten unseres Sonnensystems sind aus Brocken von Eis und Gestein in einer gewaltigen Wolke entstanden.

2 Die neu entstandene Erde wurde zu einer Kugel aus flüssigem Gestein, als Eisen und Nickel sich in ihrem Kern sammelten.

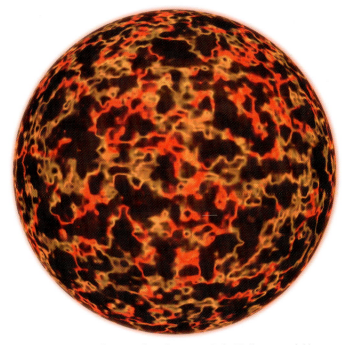

3 Vor über 4000 Millionen Jahren begann sich die Erdkruste zu bilden. Kleine Krustenstücke schwammen auf Meeren aus flüssigem Gestein.

4 Die Erdkruste entwickelte sich weiter. Vulkane brachen aus, Wasser verdunstete und bildete die Meere – die Entstehung der Kontinente begann.

WAS IST DIE ERDNEIGUNG?

Die Achse der Erde ist eine gedachte Linie, um die sie sich dreht. Diese Achse steht etwas schräg, die Erde ist geneigt. Diese Neigung beeinflusst das Klima, weil dadurch die Pole zu bestimmten Zeiten des Jahres (den Jahreszeiten) mal der Sonne zugewandt, mal abgewandt sind.

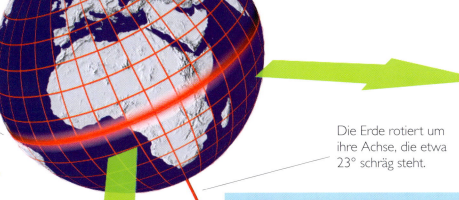

Die Erde ist am Äquator nach außen gewölbt.

Die Erde rotiert um ihre Achse, die etwa 23° schräg steht.

WIE LANGE BRAUCHT DIE ERDE ZUR UMRUNDUNG DER SONNE?

Es dauert ein ganzes Jahr, bis die Erde die Sonne einmal umkreist hat.

WIE GROSS IST DIE ERDE?

Die Größe der Erde hängt davon ab, wie man misst. Wenn man sie zu Land und zu Wasser entlang des Äquators umrundet, müsste man 40 075 Kilometer weit reisen. Eine Umrundung über die beiden Pole ist 67 Kilometer kürzer. Der Durchmesser der Erde von Pol zu Pol beträgt 12 714 Kilometer, der Durchmesser am Äquator ist 42 Kilometer größer.

WARUM DREHT SICH DIE ERDE?

Die Drehung der Erde wurde durch Zusammenstöße bei ihrer Entstehung ausgelöst. Manche Forscher vermuten, dass die Erde nach einem Zusammenprall mit dem Mond zu rotieren begann. Durch die Impulserhaltung dauert diese Drehung an. Für eine volle Umdrehung braucht die Erde einen Tag.

IST DIE ERDE EINE KUGEL?

Weil die Erde rotiert, wölbt sie sich in der Mitte leicht nach außen. Durch die Zentrifugalkraft wird die Materie der Erde von der Mitte weggezogen – je schneller die Drehung, desto stärker ist diese Kraft. Weil sich die Erdmaterie am Äquator schneller dreht als an den Polen, ist die Erde dort etwas dicker.

Wie alle Planeten in unserem Sonnensystem ist auch die Erde eine Kugel, die um die Sonne kreist. Ihre blaue Farbe erhält die Erde durch die Atmosphäre und die Meere.

Wusstest du …?

WIRD DIE ERDE LANGSAMER?

Forscher meinen, dass vor Millionen Jahren die Tage kürzer waren. Vielleicht verlangsamt sich die Rotation der Erde allmählich.

WODURCH VERLANGSAMT SICH DIE ERDDREHUNG?

Wahrscheinlich wird die Erdrotation durch Reibung verlangsamt, die durch die Bewegung von Ebbe und Flut entsteht.

WARUM FLIEGEN WIR NICHT WEG, WENN SICH DIE ERDE DREHT?

Alle Gegenstände im Universum haben eine Schwerkraft oder Anziehungskraft. Je größer das Objekt, desto größer seine Schwerkraft. Die Schwerkraft der Erde hält uns auf dem Boden fest.

WIE SCHNELL DREHT SICH DIE ERDE?

Die Erde rotiert am Äquator mit einer Geschwindigkeit von fast 1700 km/h.

WORAUS BESTEHT DIE ERDE?

Die Oberfläche der Erde – die Kruste – ist nur ein winziger Teil des Planeten. Die Oberfläche ist leicht zu erforschen. Was darunter liegt, haben die Wissenschaftler noch nicht vollständig herausgefunden. Bekannt sind drei Hauptschichten: die Kruste, der Mantel und der Kern. Sie bestehen aus Gestein und Metallen in verschiedenen Formen und Zuständen.

WAS IST DIE ERDKRUSTE?

Die Kruste ist die harte, äußere Schicht der Erde, die das Land und den Meeresboden bildet. Die Kontinentalkruste (die Landmasse) ist der älteste und dickste Teil. Er besteht hauptsächlich aus Kieselerde und Aluminium. Der Meeresboden besteht hauptsächlich aus Kieselerde und Magnesium. Er ist etwa 200 Millionen Jahre alt.

IN WELCHER TIEFE BEGINNT DER ERDKERN?

Der äußere Kern beginnt etwa 2950 km unter der Erdoberfläche. Bis zum Mittelpunkt der Erde sind es dann noch 3400 km.

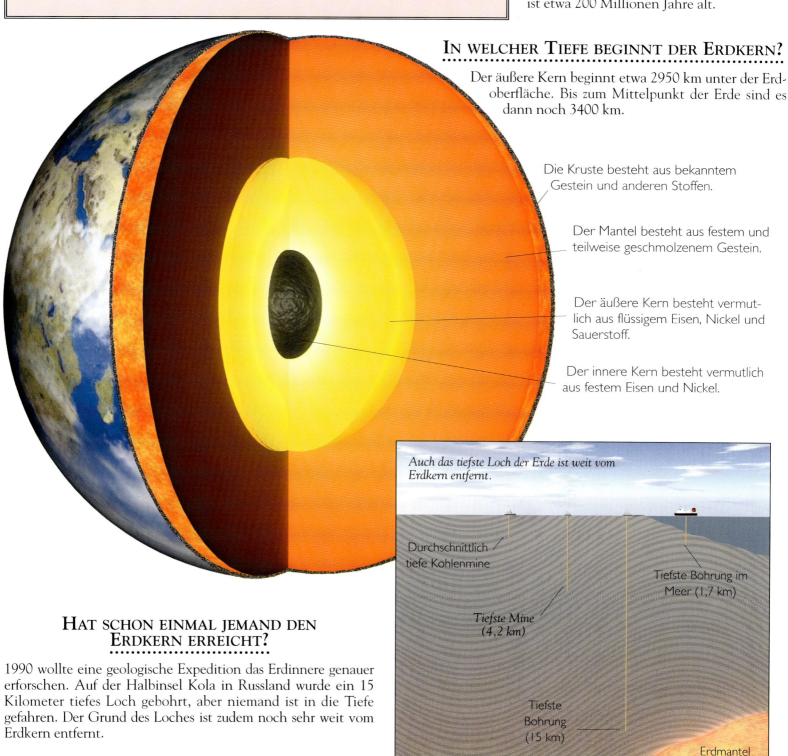

Die Kruste besteht aus bekanntem Gestein und anderen Stoffen.

Der Mantel besteht aus festem und teilweise geschmolzenem Gestein.

Der äußere Kern besteht vermutlich aus flüssigem Eisen, Nickel und Sauerstoff.

Der innere Kern besteht vermutlich aus festem Eisen und Nickel.

Auch das tiefste Loch der Erde ist weit vom Erdkern entfernt.

Durchschnittlich tiefe Kohlenmine

Tiefste Mine (4,2 km)

Tiefste Bohrung im Meer (1,7 km)

Tiefste Bohrung (15 km)

Erdmantel

HAT SCHON EINMAL JEMAND DEN ERDKERN ERREICHT?

1990 wollte eine geologische Expedition das Erdinnere genauer erforschen. Auf der Halbinsel Kola in Russland wurde ein 15 Kilometer tiefes Loch gebohrt, aber niemand ist in die Tiefe gefahren. Der Grund des Loches ist zudem noch sehr weit vom Erdkern entfernt.

Warum ist die Erde magnetisch?

Das geschmolzene Eisen im Erdkern ist ständig in Bewegung. Dabei entstehen starke elektrische Ströme, die das Magnetfeld der Erde erzeugen. Auf ähnliche Weise erzeugt auch ein Elektromotor magnetische Strömungen.

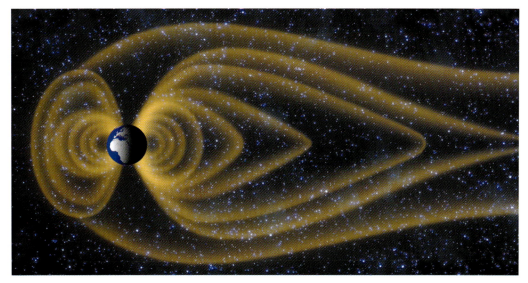

Das Magnetfeld der Erde hat eine Reichweite von etwa 60 000 km.

Was ist das Magnetfeld?

Die Erde ähnelt einem riesigen Magneten. Das Magnetfeld, auch Magnetosphäre genannt, reicht weit in den Weltraum und schützt die Erde vor der Strahlung der Sonne. Die magnetischen Pole liegen in der Nähe des geographischen Nord- und Südpols.

Die Ausrichtung des Magnetfelds der Erde kann man auf einem Kompass ablesen.

Warum sind manche Steine magnetisch?

Das Erdmagnetfeld aus früheren Zeiten bleibt in den magnetischen Mineralien von Gestein erhalten, das sich in dieser Zeit gebildet hat. Daher können Geologen z.B. mit Steinen, aus denen die Pyramiden von Giseh erbaut wurden, das Magnetfeld früherer Jahrtausende erforschen.

In der Industrie werden Eisen und Stahl auf 1900 °C erhitzt, um sie zu schmelzen. Solche Temperaturen herrschen auch im tiefen Erdinneren.

Wusstest du …?

Woher wissen wir, woraus die Erde besteht?

Tiefe Bohrungen sind sehr schwierig und teuer. Das meiste Wissen über das Innere der Erde wurde durch die Wissenschaft der Seismologie gewonnen. An der Art, wie sich Schwingungen, die durch Erdbeben entstehen, durch die Erde fortsetzen, können Wissenschaftler Schlüsse auf das Erdinnere ziehen.

Was ist das Moho?

Der kroatische Wissenschaftler Andrija Mohorovicic war einer der ersten Wissenschaftler, die seismische Wellen erforschten. Der Bereich zwischen Erdmantel und -kruste wird Mohorovicic-Diskontinuität oder kurz Moho genannt.

Wie zeigt ein Kompass die Himmelsrichtung an?

Ein Kompass ist ein Magnet, der auf einer Nadel liegt oder in Flüssigkeit schwimmt. Das Magnetfeld der Erde sorgt dafür, dass er immer in Nord-Süd-Richtung ausgerichtet ist.

Verändert sich das Magnetfeld der Erde?

Das Magnetfeld der Erde verändert sich ständig. Manchmal ist die Veränderung so stark, dass die magnetischen Pole ihre Plätze tauschen. Das nennt man Umpolung. Zum letzten Mal geschah das vor etwa 30 000 Jahren. Niemand weiß, was die Ursache war.

Ist die Erde massiv?

Die Erde besteht hauptsächlich aus massivem Gestein. Nur der fast 2000 km dicke äußere Kern ist flüssig. Er besteht aus Eisen, Nickel und anderen Stoffen, die durch die große Hitze geschmolzen sind. Geschmolzenes Gestein befindet sich auch in Teilen des Erdmantels. Bei Vulkanausbrüchen tritt es als Lava an die Oberfläche.

Was ist die Kontinentaldrift?

Die großen Landmassen der Erde, die sieben Kontinente, sind nicht fest verankert, sondern bewegen sich langsam durch Kräfte aus dem Erdinneren. Davon spüren wir aber nichts. Vor etwa 250 Millionen Jahren bestand die Erde aus einer einzigen Landmasse, die wir heute Pangäa nennen. Mit der Zeit zerfiel sie in die heutigen Kontinente. Die ständige Bewegung der Landmassen nennt man Kontinentaldrift oder Kontinentalverschiebung.

Was sind tektonische Platten?

Die Erdkruste besteht aus gewaltigen Gesteinsflächen, die man tektonische Platten nennt. Es gibt etwa 15 größere Platten, die das Land und den Meeresboden bilden. Sie passen zusammen wie die Teile eines riesigen Puzzles. Durch die Kontinentaldrift treiben ihre Grenzen auseinander oder schieben sich gegeneinander.

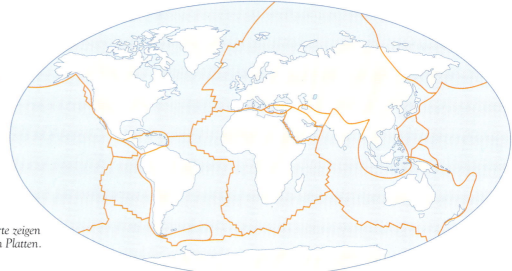

Die roten Linien auf dieser Karte zeigen die Grenzen der tektonischen Platten.

Warum bewegt sich das Land?

Über die Ursachen der Kontinentaldrift gibt es verschiedene Theorien. Manche Forscher meinen, dass an den Ozeanrücken heißes Gestein nach oben dringt, abkühlt und die Platten abwärts zieht. Andere vermuten, dass durch die Hitze des Erdinneren Bewegung im Erdmantel entsteht, die für die Plattenverschiebung verantwortlich ist. Die dritte Theorie ist die einfachste: An den Ozeanrücken ragen die Platten besonders hoch auf. Darum werden sie hier durch die Schwerkraft seitwärts nach unten gezogen.

Zwei tektonische Platten drängen gegeneinander und werden in Falten aufgeworfen. Es entsteht ein Gebirgszug.

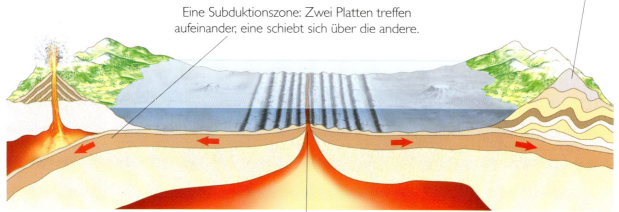

Eine Subduktionszone: Zwei Platten treffen aufeinander, eine schiebt sich über die andere.

Ozeanrücken: Hier driften zwei Platten auseinander. Geschieht das an Land, entstehen steile Täler.

Was verrät die Form der Kontinente?

Sieht man eine moderne Weltkarte an, kann man erkennen, dass die Kontinente einmal eine große Landmasse bildeten. Besonders deutlich sieht man das an der Westküste Afrikas und der Ostküste Südamerikas: Ihre Umrisse passen noch heute gut zusammen.

Heutige Weltkarte: An der Form der Kontinente erkennt man, dass sie einmal eine einzige Landmasse gebildet haben.

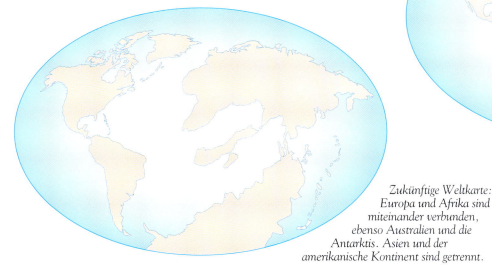

Zukünftige Weltkarte: Europa und Afrika sind miteinander verbunden, ebenso Australien und die Antarktis. Asien und der amerikanische Kontinent sind getrennt.

Werden sich die Kontinente jemals wieder verbinden?

Weil die Kontinentaldrift nicht endet, werden sich die Erdteile auch in Zukunft bewegen. Sie werden wahrscheinlich nicht wieder die Form von Pangäa einnehmen, dennoch könnte die Erde in 150 Millionen Jahren ganz anders aussehen als heute.

Kann man die Kontinentalbewegung beweisen?

Versteinerungen aus verschiedenen Erdteilen beweisen, dass die Kontinente einmal eine gemeinsame Landmasse waren. Fossilien der gleichen Tiere wurden in Afrika und Südamerika gefunden. Das beweist, dass sie zu einer Zeit gelebt haben müssen, als diese Teile noch ein Ganzes waren. Versteinerte Pflanzen gleicher Art und gleichen Alters hat man überall auf der Erde gefunden. Geologen haben auch Teile von gleichen Gebirgszügen auf verschiedenen Kontinenten entdeckt.

Bewegt sich der Meeresgrund?

Kontinentaldrift findet auf der gesamten Erde statt, auch auf dem Meeresgrund. Die meisten tektonischen Platten umfassen sowohl Land als auch Meeresboden. Die Bewegung des Meeresbodens lässt sich durch unterschiedliche magnetische Ausrichtung des Gesteins und durch Vulkantätigkeit am Grund beweisen.

Vulkantätigkeit am Meeresgrund beweist, dass sich auch der Meeresboden verschiebt.

Wusstest du …?

Welches ist der grösste Kontinent?

Mit 44 485 900 Quadratkilometern ist Asien der größte Kontinent. Er macht etwa 30% der gesamten Landmasse der Erde aus.

Welches ist der kleinste Kontinent?

Australasien ist mit 8 924 100 Quadratkilometern der kleinste Kontinent.

Was ist die Asthenosphäre?

Die Asthenosphäre ist eine relativ weiche Schicht des Erdmantels. Wie ein Schmiermittel erleichtert sie die Bewegung der darüber liegenden Erdplatten.

Wie schnell bewegen sich die Kontinente?

Die Erdplatten bewegen sich sehr langsam. Manche Platten verschieben sich zwar schneller als andere, doch durchschnittlich bewegen sie sich um nur 2,5 cm im Jahr.

Was ist die Lithosphäre?

Als Lithosphäre bezeichnet man die Erdkruste und die oberste Schicht des Erdmantels.

WARUM SIND ERDBEBEN SO GEFÄHRLICH?

Erdbeben besitzen eine gewaltige, zerstörerische Kraft. Sie kommen recht häufig vor, doch die meisten sind zum Glück recht schwach. Starke Erdbeben können schwere Schäden anrichten, sie können Gebäude zum Einsturz bringen und Tausende von Menschen töten. Die Bewegung der tektonischen Platten erzeugt eine Spannung. Wird sie plötzlich freigesetzt, können sich Felsen verschieben und brechen, die Erde bebt. Damit Felsen zerbrechen, ist eine enorme Kraft nötig. Sie ist es, die Erdbeben so zerstörerisch macht.

Die Nebenwirkungen von Erdbeben können fast so gefährlich sein wie das Beben selbst. Hier ist eine Brücke eingestürzt, nachdem ein Erdbeben einen schweren Erdrutsch ausgelöst hat.

WO KOMMEN BESONDERS HÄUFIG ERDBEBEN VOR?

Erdbeben können überall auftreten, besonders oft aber an den Grenzen der tektonischen Platten. Die stärksten Beben gibt es dort, wo die Platten sich tief unter der Erdoberfläche verschieben. Diese Grenzen nennt man auch Verwerfungslinien.

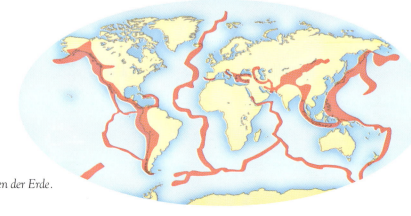

Die Landkarte zeigt in Rot die Erdbebenzonen der Erde.

UNSERE ERDE

WIE WERDEN ERDBEBEN AUFGEZEICHNET?

Ein Gerät zum Messen der Stärke eines Erdbebens nennt man Seismometer. Mit schweren Gewichten, die auch bei einem Erdbeben ruhig bleiben, wird eine Kurve auf den Papierstreifen einer drehbaren Trommel geschrieben. Bezeichnet wird die Erdbebenstärke mit Hilfe der Richter-Skala. Zur Bestimmung eines Erdbebens anhand sichtbarer und spürbarer Auswirkungen benutzt man z.B. die modifizierte Mercalli-Skala.

Waage-rechte Aufzeichnung

Senkrechte Aufzeichnung

Modifizierte Mercalli-Skala:
1. Nur mit Geräten zu messen. Türen können schwingen.
2. Manche Menschen in hohen Gebäuden können ein Zittern spüren.
3. Schnelle Schwingungen, in Häusern zu spüren.
4. Geparkte Autos wippen, Fensterscheiben vibrieren, Menschen in Gebäuden spüren Erschütterungen.
5. Beben im Freien zu spüren. Kleine Gegenstände kippen um, manche Gebäude zittern.
6. Bäume beginnen zu schwanken, Porzellan zerbricht, jeder Mensch im Umkreis spürt es.
7. Menschen erschrecken, Fensterscheiben und Schornsteine zerbrechen.
8. Autos kommen ins Schleudern, Gebäude und Bäume werden beschädigt.
9. Menschen in Panik, Risse im Erdboden, Gebäude stürzen ein.
10. Gebäude zerstört, unterirdische Leitungen zerstört, Flussbetten brechen auf.
11. Brücken stürzen ein, Erdrutsche, Bahnschienen zerstört.
12. Schwere Verwüstungen, Veränderung der Landschaft.

WAS GESCHIEHT IM ZENTRUM EINES ERDBEBENS?

Tief unter der Erde liegt das Zentrum eines Erdbebens. Hier findet die stärkste Bewegung im Gestein statt. Die Erdoberfläche genau über dem Zentrum nennt man Epizentrum. Dort sind die Schäden am stärksten.

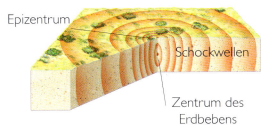

HABEN ERDBEBEN NEBENWIRKUNGEN?

Die Schockwellen eines Erdbebens können Häuser und andere Bauwerke zerstören. Erdbeben können aber auch Nebenwirkungen haben. Wenn unterirdische Gasrohre brechen, kann es zu Explosionen und gefährlichen Bränden kommen. Wird das Abwassersystem beschädigt, können sich Krankheiten ausbreiten. In bergigen Regionen können Erdbeben Lawinen oder Erdrutsche zur Folge haben. Erdbeben am Meeresgrund können eine gewaltige Flutwelle (Tsunami) auslösen.

WAS IST DER SANKT-ANDREAS-GRABEN?

Die bekannteste Verwerfungslinie ist der Sankt-Andreas-Graben in Kalifornien (USA). Hier kommen häufig Erdbeben und leichtere Erdstöße vor. Die Bewohner der Stadt San Francisco müssen ständig damit rechnen, dass ein gewaltiges Erdbeben droht.

KANN MAN ERDBEBENSICHERE GEBÄUDE ERRICHTEN?

Mit modernen Techniken kann man Häuser, Bürogebäude und andere Bauwerke errichten, die durch Erdbeben nicht zerstört werden. Hochhäuser haben in der Mitte eine stabile Säule, an der die Geschosse „aufgehängt" sind. Kegel- und pyramidenförmige Bauten fangen Stöße besser ab. Mit neuartigen Materialien kann man auch in Erdbebengebieten recht preiswert Häuser bauen.

Das TransAmerica-Gebäude ist eines der Wahrzeichen von San Francisco. Wegen seiner Form, die es erdbebensicher machen soll, wird es auch „Die Pyraimde" genannt.

Wusstest du …?

WIE LANGE DAUERT EIN ERDBEBEN?

Die meisten Erdbeben dauern weniger als eine Minute. Einige besonders zerstörerische Beben haben aber auch schon bis zu vier Minuten gedauert.

KÖNNEN TIERE ERDBEBEN SPÜREN?

Man vermutet, dass einige Tiere nahende Erdbeben spüren. Hunde werden unruhig und beginnen zu heulen, kurz bevor die Erde zu beben anfängt.

WELCHES IST DAS STÄRKSTE BEKANNTE ERDBEBEN?

1960 erreichte ein Beben in Chile die Stärke 9,5 auf der Richter-Skala.

WELCHES ERDBEBEN WAR AM ZERSTÖRERISCHSTEN?

1566 kamen bei einem Erdbeben in China fast eine Million Menschen ums Leben. 1923 zerstörte ein Erdbeben in Japan etwa 575000 Häuser.

WER ERFAND DIE RICHTER-SKALA?

Der amerikanische Seismologe Charles Richter entwickelte 1935 diese Technik zum Messen der Erdbebenstärke.

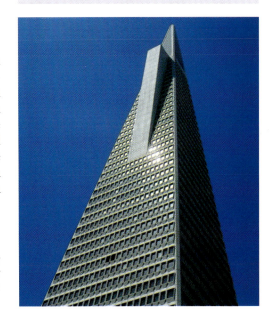

WAS GESCHIEHT BEI EINEM VULKANAUSBRUCH?

Bei einem Vulkanausbruch wird geschmolzenes Gestein, Magma oder Lava genannt, durch die Bewegung der tektonischen Platten an die Erdoberfläche gedrückt. Manche Vulkane schleudern vor allem riesige Aschewolken hoch in die Atmosphäre. Aus anderen quillt heiße Lava, die bergab fließt und alles in ihrem Weg bedeckt. Beide Arten von Vulkanausbrüchen zählen zu den gefährlichsten und mächtigsten Naturkräften der Erde.

SIND ALLE VULKANE GLEICH?

Steile, kegelförmige Andesit-Vulkane entstehen, wenn geschmolzene Erdplatten nach oben gedrängt werden. Solche Vulkane sind besonders kraftvoll, ihre Ausbrüche sind sehr zerstörerisch. Basalt-Vulkane entstehen, wenn geschmolzenes Gestein aus dem Erdmantel langsamer an die Oberfläche gelangt. Sie sind breit und flach. Wenn sie die Erdoberfläche durchbrechen, schleudern sie oft große Lavabrocken in die Höhe, die man vulkanische Bomben nennt.

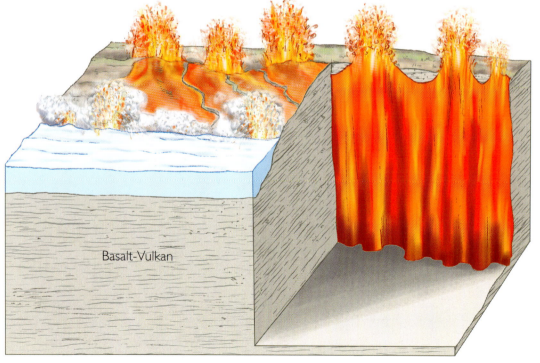

Manchmal bildet die Lava aus einem Andesit-Vulkan dicke Wolken aus Gas, Gesteinsbrocken und Asche. Diese Wolken rasen mit hoher Geschwindigkeit die Hänge hinab.

WAS SIND HOT SPOTS?

Hot Spot oder Magmaherd nennt man einen Bereich im Erdmantel mit besonders starker Vulkantätigkeit. Verschieben sich die Erdplatten über diesen Bereichen, entstehen oft Ketten aus mehreren Basalt-Vulkanen.

KÖNNEN VULKANE UNTER WASSER AUSBRECHEN?

Basalt-Vulkane gibt es hauptsächlich am Meeresgrund. Die austretende Lava kühlt schnell ab und bildet rundliche Klumpen, die man Kissenlava nennt.

Gibt es unterschiedliche Lava?

Je nach Art des geschmolzenen Gesteins, enthaltenen Gasen und Ort des Ausbruchs unterscheidet sich die Lava von Vulkanen. Stricklava fließt schnell und sieht nach dem Erstarren aus wie dicke Seile. Brockenlava ist dickflüssiger und bildet beim Erstarren schroffe Klumpen.

Fladenlava fließt über eine Straße.

Heiße Lava strömt aus einem Vulkan.

Wie wirkt sich Vulkantätigkeit auf die Landschaft aus?

Wird Wasser durch Vulkantätigkeit erhitzt, entstehen eigentümliche und faszinierende Landschaften. In solchen hydrothermalen Zonen sieht man dampfend heiße Quellen, brodelnde Schlammtöpfe oder Fontänen, die Hunderte von Metern in die Luft schießen.

Wenn Wasser durch unterirdische Vulkantätigkeit erhitzt wird und an die Oberfläche dringt, entsteht eine heiße Quelle.

Dampf und stinkende Gase dringen aus Schloten im Boden, die man Fumarolen nennt.

Wenn ätzende vulkanische Gase Mineralteilchen am Grund von heißen Becken auflösen, entstehen Becken mit heißem Schlamm.

Durch frühere Vulkantätigkeit können ungewöhnliche Steingebilde entstehen, so wie diese „Märchenschornsteine" in der Türkei.

Geysire schleudern heißes Wasser aus unterirdischen Kammern in die Höhe. Der inzwischen erloschene Waimangu-Geysir in Neuseeland war 445 m hoch.

Wusstest du …?

Kann man Vulkanausbrüche vorhersagen?

Vulkanausbrüche sind schwierig vorherzusagen, weil sie nicht regelmäßig auftreten. Vulkane können viele Jahre ruhen, um dann ohne jede Vorwarnung auszubrechen.

Welches war der schwerste Vulkanausbruch?

Der schwerste Vulkanausbruch fand 1815 in Indonesien statt. Ein Vulkan auf der Insel Sumbawa schleuderte mehr 100 km∆ Asche in die Luft. Etwa 100 000 Menschen kamen ums Leben, die Insel wurde 1250 m flacher.

Wo liegt der grösste aktive Vulkan?

Der Mauna Loa auf Hawaii ist mit 100 km Durchmesser der größte aktive Vulkan der Erde.

Was sind Pyroklasten?

Pyroklasten sind harte, gesteinsähnliche Brocken, die bei Vulkanausbrüchen entstehen. Sie bestehen aus Staub, Asche, Steinbruchstücken und vulkanischen Bomben oder Gesteinsbrocken.

Gibt es auch auf anderen Planeten Vulkane?

Forscher haben Beweise gefunden, dass es in unserem Sonnensystem noch andere Vulkane gibt. Man vermutet, dass auf der Venus viele Vulkane tätig sind. Auch auf Io, einem der Jupitermonde, hat man Vulkanausbrüche beobachtet.

Was geschah in Pompeji?

Als im Jahre 79 der Vesus ausbrach, wurde die Stadt Pompeji vollständig unter heißer Asche begraben..

WORAUS BESTEHT GESTEIN?

Alle Steine bestehen aus verschiedenen natürlichen Stoffen, die man Mineralien nennt. Jedes Mineral hat eine bestimmte chemische Struktur, und verschiedene Mineralien verbinden sich auf unterschiedliche Weise. Die meisten Gesteinsarten enthalten etwa sechs verschiedene Mineralien, die in einer Kristallstruktur verbunden sind.

Petrologen nennt man Wissenschaftler, die Gestein erforschen. Hauchdünne Gesteinsscheiben werden unter einem Mikroskop mit polarisiertem Licht betrachtet. Dabei zeigt jedes Mineral eine bestimmte Farbe und Oberfläche, mit deren Hilfe man das Gestein identifizieren kann. Das Foto zeigt ein Stück Marmor unter dem Mikroskop eines Petrologen.

GIBT ES UNTERSCHIEDLICHE GESTEINSARTEN?

Man unterscheidet drei Haupttypen von Gestein. Magmatitgestein ist das ursprüngliche Material, aus dem die Erde besteht. Es bildet sich, wenn Magma an die Erdoberfläche gelangt und abkühlt. Das älteste Gestein der Erde fällt in diese Gruppe. Sedimentgestein besteht aus Teilchen anderen Gesteins, das mit der Atmosphäre in Berührung gekommen ist. Erosion durch Wasser, Wind und Eis zerkleinert Gestein in winzige Teilchen, die weggeschwemmt werden und sich in Flüssen ablagern. Mit der Zeit werden sie zu Sedimentgestein zusammengedrückt. Metamorphitgestein bildet sich, wenn Magmatit- und Sedimentgestein durch den Einfluss von Hitze und Druck verändert werden.

Magmatitgestein ist sehr hart. Zerkleinert eignet es sich sehr gut für Straßenbeläge. Eine der bekanntesten Arten von Magmatitgestein ist Granit.

Sandstein und Kalkstein sind Beispiele für Sedimentgestein. Sie sind recht hart, lassen sich aber gut bearbeiten und werden auch als Baumaterialien benutzt.

Marmor findet man in Schichten aus Metamorphitgestein. In eleganten Bauten wird er für beeindruckende, edle Oberflächen verwendet.

WAS IST DER GESTEINSZYKLUS?

Als Gesteinszyklus bezeichnet man den Prozess, in dessen Verlauf sich das Gestein der Erde ständig verändert.

Zerkleinerte Gesteinsteilchen werden in Flüsse und Meere gespült, wo sie sich ablagern und Sedimentgestein bilden.

Magmatitgestein wird durch das Wetter ausgewaschen und zerkleinert.

Geschmolzenes Gestein dringt an die Oberfläche, kühlt ab und bildet verschiedene Arten von Magmatitgestein.

Durch den Druck der oberen Erdschichten und die Hitze aus dem Erdinneren werden Magmatit- und Sedimentgestein in Metamorphitgestein verwandelt.

WELCHE FORMEN HABEN KRISTALLE?

Kristalle bilden sich, wenn Mineralien schmelzen oder in Flüssigkeiten gelöst werden. Kristalle in Gesteinen und Mineralien können sechs verschiedene Formen haben. Diese Formen wurden im 18. Jahrhundert von dem Geistlichen René Haüy entdeckt.

KRISTALLFORMEN

KUBISCH	Diamant ist ein Beispiel für ein Mineral mit kubischem (würfelförmigem) Aufbau
HEXAGONAL	Beryll hat eine hexagonale (sechseckige) Kristallform.
TETRAGONAL	Zirkon hat eine tetragonale Kristallform.
MONOKLIN	Gips hat einen monoklinen Aufbau.
RHOMBISCH	Schwefel hat einen rhombischen Aufbau.
TRIKLIN	Türkis hat Kristalle von trikliner Form.

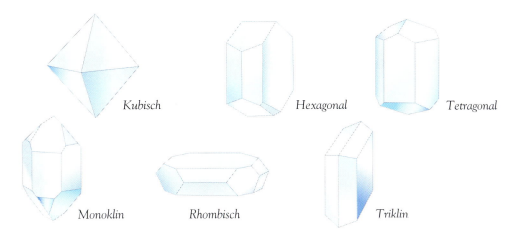

Wusstest du …?

WAS IST GEOLOGIE?

Geologie ist die Wissenschaft, die sich mit Gestein beschäftigt.

WAS TUT EIN GEOLOGE?

Geologen nehmen Gesteinsproben und untersuchen sie in Labors.

WAS SIND ORGANISCHE EDELSTEINE?

Organische Edelsteine entstehen nicht aus Mineralien, sondern aus Pflanzen oder Tieren. Perlen und Bernstein sind Beispiele.

WAS IST DIE GRÖSSTE PERLE DER WELT?

1934 fand man in einer Riesenmuschel vor der Küste der Philippinen die Laotse-Perle. Sie ist 6,37 kg schwer.

WIE SCHNEIDET MAN DIAMANTEN?

Diamant ist das härteste Mineral. Man kann es nur mit Werkzeugen mit Diamantspitze schneiden. Diamantwerkzeuge werden auch in der Industrie für sehr präzise Schnitte verwendet.

WARUM SIND EDELSTEINE WERTVOLL?

Manche Mineralien sind sehr wertvoll. Diamanten, Rubine, Smaragde und Saphire sind Edelsteine, die wegen ihrer Seltenheit und Schönheit geschätzt werden. Sie sind schwierig zu finden und aufwändig zu fördern. Manche werden in der Wissenschaft oder Industrie verwendet, was ihren Wert ebenfalls erhöht.

WARUM SIND MANCHE MINERALIEN HÄRTER ALS ANDERE?

Die Härte eines Minerals hängt vom Aufbau seiner Atome ab. Man misst die Härte auf der Mohs-Skala. Das härteste Mineral ist Diamant mit einer Härte von 10 Mohs.

WIE ENTSTEHT EINE PERLE?

Perlen sind Edelsteine, die sich in Muscheln und Austern bilden, wenn ein Fremdkörper ins Innere gelangt. Besonders wertvoll sind Perlen aus Austern.

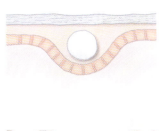  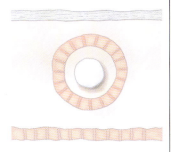

Ein kleines Stück Sand dringt in die Muschel ein und reizt das darin lebende Tier.

Das Tier sondert Perlmutt ab, um den Fremdkörper damit einzuhüllen.

Ist der Fremdkörper ganz von Perlmutt umgeben, löst er sich ab – eine Perle ist entstanden.

 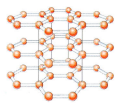

Die Atome im Diamant stehen eng und sind fest miteinander verbunden. Dadurch ist er sehr hart.

Die Atome im Graphit sind in Schichten angeordnet. Dadurch ist das Material recht weich.

WAS IST EIN GLETSCHER?

Gletscher entstehen, wenn sich dicke Schichten aus Schnee über lange Zeit aufbauen. Die unteren Schichten werden zusammengedrückt und bilden eine Schicht aus Eis. Die Gletscher entstehen im Gebirge und bewegen sich wie Flüsse aus Eis ganz langsam ins Tal. An den Erdpolen gibt es ähnlich entstandene, besonders riesige Eisflächen, die wir Polkappen nennen.

WIE SCHNELL FLIESST EIN GLETSCHER?

Die Fließgeschwindigkeit eines Gletschers hängt vom Gefälle des Bergs ab. Die durchschnittliche Geschwindigkeit beträgt 2 m am Tag. Es dauert mehrere tausend Jahre, bis das Eis von einem Ende des Gletschers ans andere gelangt.

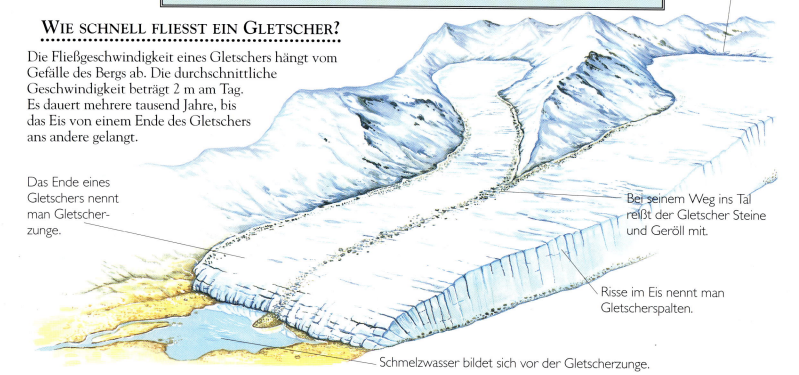

Gletscher entstehen hoch oben im Gebirge.

Das Ende eines Gletschers nennt man Gletscherzunge.

Bei seinem Weg ins Tal reißt der Gletscher Steine und Geröll mit.

Risse im Eis nennt man Gletscherspalten.

Schmelzwasser bildet sich vor der Gletscherzunge.

WAS GESCHIEHT, WENN EIN GLETSCHER SCHMILZT?

Wenn sich nach Jahrtausenden das Klima erwärmt, können Gletscher schmelzen. Das Eis hat das ursprünglich V-förmige Tal zu einer U-Form ausgehöhlt. Diese Höhlung kann sich mit Wasser füllen, sodass Fjorde und Seen entstehen.

Vor der Gletscherbildung

Nach der Gletscherschmelze

WIE ENTSTEHT EINE POLKAPPE?

Am Nord- und Südpol haben Gletscher riesige Eisflächen gebildet. Dort wird es nie warm genug, dass das Eis komplett schmelzen könnte.

Das Eis der Kappen schiebt sich langsam zum Meer. Der Schnee in der Mitte wird an den Enden zu Eis.

Die beiden größten Landeiskappen liegen in Grönland und der Antarktis. Weil sich die Erde langsam erwärmt, beginnt das Eis der Antarktis zu schmelzen.

Wie entstehen Eisberge?

Eisberge bilden sich, wenn das gefrorene Süßwasser eines Gletschers ans Meer gelangt und abbricht. Man sagt dann „der Gletscher kalbt". Auf den Polkappen können Stücke abbrechen. Eisberge sind schwer und liegen tief im Wasser. Ist ein Eisberg einmal abgebrochen, wird er durch Wind und Meeresströmungen vorangetrieben.

Etwa 88% eines Eisbergs liegen unter der Wasseroberfläche. Man vermutet, dass jedes Jahr 10 000 Eisberge von der Eisschicht Grönlands abbrechen.

Kann das Meer gefrieren?

Wenn die Temperatur des Meerwassers unter -1,9 °C fällt, kann es gefrieren. Das geschieht vor der Küste der Antarktis und anderen Gletscherregionen. Der gesamte Nordpol besteht letztlich aus gefrorenem Meerwasser. Das Eis ist nur wenige Meter dick. Man nennt dieses Gebiet auch Packeis.

Eisbrecher sind spezielle Schiffe, die auch dicke Eisschichten durchbrechen können. Zu diesem Zweck ist ihr Rumpf besonders verstärkt. Auch wenn diese Schiffe im Eis einfrieren, kann der Druck des Eises den Rumpf nicht zerstören.

Was erforschen Wissenschaftler in den Polargebieten?

Wissenschaftler, die das Eis der Pole und Gletscher erforschen, nennt man Glaziologen. In den Forschungsstationen an beiden Polen leben Glaziologen, die viel über die Erde herausgefunden haben. In Labors, die ins Eis gebaut wurden, erforschen sie Eisschichten, die Gase und andere Stoffe aus vergangenen Zeiten enthalten, und erfahren so etwas über das damalige Klima. Es werden auch Eiskerne entnommen und zur genauen Untersuchung in Labors gebracht, die in gemäßigten Breiten liegen.

Wusstest du …?

Wird es noch einmal eine Eiszeit geben?

Zu manchen Zeiten wird es auf der Erde so kalt, dass sich die Polkappen stark vergrößern. Dann spricht man von einer Eiszeit. Vermutlich hat es in der letzten Million Jahre fünf Eiszeiten gegeben, deren letzte vor 10 000 Jahren endete. Wenn Eiszeiten regelmäßig auftreten, ist eine weitere nicht auszuschließen.

Wie gross war der grösste Eisberg?

Der größte vermessene Eisberg war 335 km lang und 97 km breit.

Wo ist die dickste Eisschicht der Erde?

Das Eis der Antarktis ist an manchen Stellen 5 km dick.

Wie alt sind Eisberge?

Man vermutet, dass das Eis in den Eisbergen etwa 5 000 Jahre alt ist.

Wie entsteht eine Lawine?

Lawinen sind gewaltige Schneemassen, die ins Tal stürzen. Sie entstehen, wenn nach einem starken Schneefall die Temperatur plötzlich ansteigt. Lawinen können bis zu 1 km breit sein und Wind mit bis zu 300 km/h Geschwindigkeit verursachen. Sie können Städte begraben und Menschenleben fordern.

Skiläufer können versehentlich eine Lawine auslösen.

Wie entstehen Berge?

Gebirge gehören zu den beeindruckendsten Landschaften der Erde. Wie Erdbeben und Vulkane entstehen sie durch die Verschiebung der tektonischen Platten der Erde. Wenn sich die Platten gegeneinander drängen, schiebt sich die Erdkruste in Falten nach oben – es entstehen schroffe Gebirgszüge. Einige der größten Berge der Erde sind sogar aktive oder erloschene Vulkane.

Gibt es verschiedene Arten von Bergen?

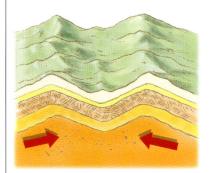

Faltengebirge
Faltengebirge entstehen, wenn tektonische Platten gegeneinander drängen und sich die Erdkruste auf den Platten in Falten nach oben schiebt.

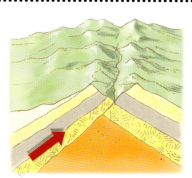

Verwerfungs-Gebirge
Solche Gebirge entstehen, wenn sich die Ränder zweier Erdplatten übereinander oder gegeneinander schieben. Manche dieser Berge haben eine flache Oberseite (Tafelberge).

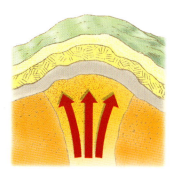

Kuppen-Gebirge
Kuppen bilden sich, wenn sich geschmolzene Gesteinsschichten in die Höhe schieben. Die Erdkruste wird nach außen gedrängt und es entsteht ein runder Berg.

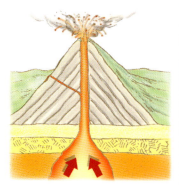

Vulkane
Vulkanberge entstehen, wenn Lava austritt, erstarrt und sich in immer neuen Schichten zu einer Kegelform ablagert.

Wo liegen die höchsten Berge der Erde?

Die zehn höchsten Berge der Erde liegen im Himalaja. Der höchste ist der Mount Everest an der Grenze zwischen Nepal und China. Mit 8848 Metern Höhe ist er fast 2 000 Meter höher als der höchste Berg außerhalb des Himalaja, der Aconcagua in Argentinien (Südamerika).

Der Mount Everest, der höchste Gipfel im Himalaja, ist über lange Zeit eine Herausforderung für wagemutige Bergsteiger gewesen. 1953 wurde er zum ersten Mal bezwungen.

Uralte Gebirge wie das Schottische Hochland zeugen von Plattenbewegungen vor Millionen von Jahren. Sie waren einst mächtig, sind aber im Lauf der Zeit abgetragen worden.

Sind manche Berge älter als andere?

Es dauert Millionen Jahre, bis ein Gebirge entsteht. Weil sich die tektonischen Platten noch immer bewegen, entstehen ständig neue Gebirge. Junge Gebirge wie der Himalaja in Asien sind in den letzten 50 Millionen Jahren entstanden. Gebirge wie der Ural in Russland oder das Schottische Hochland sind viele Millionen Jahre älter. Wind und Wetter haben sie aber schon erheblich abgetragen.

Wie entsteht ein Flusstal?

Im Laufe der Zeit trägt der Regen die oberste Erdschicht ab, es entstehen Täler. Auf den Gipfeln von Bergen fließt das Wasser schnell bergab, die Flusstäler dort sind daher schmal. Wird die Landschaft flacher, bilden sich breitere, flache Flussbetten.

Was sind Schluchten und Canyons?

Flusswasser wäscht nicht immer Täler aus. In manchen Gegenden, wo beispielsweise der Fels recht weich ist, entstehen sehr schmale, steile Schluchten oder Canyons mit steilen Wänden. Wo die Kontinente auseinander streben, bilden sich breite Hochtäler oder große Hochebenen (Plateaus). Das größte von ihnen ist das Great Rift Valley in Afrika.

Der Grand Canyon in Arizona (USA) wurde durch den Fluss Colorado geformt, der an seinem Grund fließt. Der Canyon ist bis zu 1,5 km tief und 350 km lang. Die steilen Felswände an seinen Seiten bestehen aus vielfarbigem Gestein.

Wie entstehen Höhlen?

Je nach Art der Landschaft können Höhlen auf verschiedene Weise entstehen. Kalkstein ist relativ weich. In Gegenden mit Kalkstein-Untergrund bilden sich schnell Höhlen, weil er sich durch Regenwasser auflöst. An Felsküsten können die Wellen Höhlen in den Stein waschen. Eishöhlen entstehen, wo Schmelzwasser unter einem Gletscher abfließt. Auch unter der erstarrenden Lava nach einem Vulkanausbruch können sich Höhlen bilden.

Wusstest du ...?

Welches ist das längste Gebirge der Welt?

Mit 7200 Kilometern Länge sind die Anden in Südamerika die längste Gebirgskette der Welt.

Welcher Berg ist am schwierigsten zu besteigen?

Der zweithöchste Berg des Himalaja, der K 2, hat sehr glatte, scharfkantige Felswände, die schwierig zu besteigen sind. Viele Bergsteiger sind bei dem Versuch ums Leben gekommen.

Welches ist der tiefste Canyon der Welt?

Der Hell's Canyon (USA), der Colco-Canyon (Peru) und der Yalung Zambo im Himalaja streiten um diesem Titel.

Wer bestieg als Erster den Mount Everest?

Sir Edmund Hillary und Norgay Tenzing vom Volk der Sherpa bestiegen den Mount Everest im Jahr 1953.

Warum gibt es in manchen Höhlen Stalaktiten und Stalagmiten?

Stalaktiten und Stalagmiten findet man in Kalksteinhöhlen. Wenn Wasser durch den Kalkstein dringt, löst er ihn auf. Beim Abtropfen hinterlässt es ein Mineral, Kalzit genannt. Dadurch entstehen Stalaktiten, die von der Höhlendecke herabhängen. Lagert sich Kalzit in Wasserpfützen auf dem Höhlenboden ab, wächst es nach oben und es bilden sich Stalagmiten. Treffen sich die beiden Gebilde, entstehen Säulen.

Wie viel Erde ist von Wasser bedeckt?

Unsere Erde besteht zwar hauptsächlich aus Gestein, doch sind rund 70% ihrer Oberfläche von Wasser bedeckt. Die Meere und Ozeane machen den größten Teil davon aus. Allein der Pazifische Ozean bedeckt mehr als ein Drittel der Erde.

Wie entstehen Wellen?

Wenn der Wind über die Oberfläche des Meeres bläst, bauen sich Energien im Wasser auf. Es scheint zwar, dass das Wasser sich vorwärts bewegt, in Wirklichkeit ist die Bewegung aber kreisförmig. An der Küste wird die kreisförmige Bewegung unterbrochen. Trifft eine Welle aufs Land, bricht sie sich. Große Wellen, die auf die Küste prallen, besitzen eine enorme Kraft. Bei Sturm können sie schwere Schäden anrichten. Höhe und Kraft der Wellen hängen von der Windstärke ab.

Wie entstehen Meeresströmungen?

Die Strömungen in den Meeren und Ozeanen der Welt werden durch den Wind und die Bewegung warmen und kalten Wassers erzeugt. Warme, vom Wind ausgelöste Strömungen befinden sich nahe der Wasseroberfläche und strömen vom Äquator weg. Kaltes Wasser von den Polen sinkt unter das warme Wasser und nimmt seinen Platz ein. In manchen Regionen gibt es dadurch warme und kalte Strömungen, die in unterschiedliche Richtungen fließen. Die Erdrotation sorgt zudem dafür, dass manche Strömungen kreisförmig verlaufen.

Brandung entsteht, wenn große Wellen auf einen flachen Strand rollen. Die Wellen brechen sich und bilden dabei Schaumkronen. Surfer gleiten auf ihrem Brett durch die „Röhre", die durch die kreisförmige Bewegung des Wassers entsteht.

Kalte Strömung
Warme Strömung

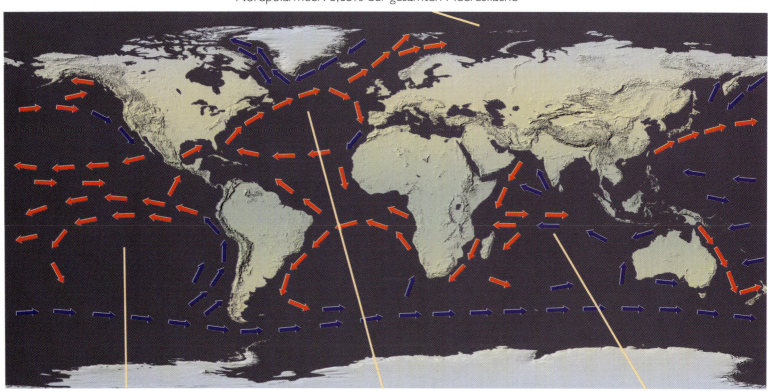

Nordpolarmeer: 3,65% der gesamten Meeresfläche

Pazifischer Ozean: 45,7% der Meeresfläche   Atlantischer Ozean: 22,7% der Meeresfläche   Indischer Ozean: 20,3% der Meeresfläche

UNSERE ERDE

WIE ENTSTEHT EIN STRUDEL?

Strudel entstehen, wenn Meeresströmungen, Gezeitenströme, Wind und Unregelmäßigkeiten in Küstenlinie und Meeresgrund zusammentreffen, sodass enge, kreisförmige Strömungen entstehen. Strudel, die stark genug sind, um ein Boot in ihren wirbelnden Trichter zu saugen, gibt es sehr selten und nur in Küstennähe, niemals auf dem offenen Meer. Der Charybdis-Strudel zwischen Sizilien und dem italienischen Festland ist ein bekanntes Beispiel.

WIE ENTSTANDEN DIE OZEANE?

Die Ozeane entstanden vor vielen Millionen Jahren. Bei Vulkanausbrüchen gelangte Wasserdampf in die Atmosphäre, der kondensierte und als Regen zur Erde fiel. Er sammelte sich in Vertiefungen in der Erdkruste.

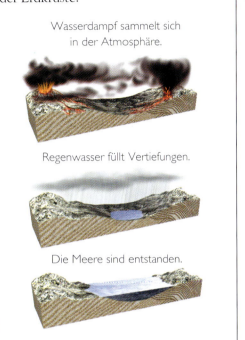

Wasserdampf sammelt sich in der Atmosphäre.

Regenwasser füllt Vertiefungen.

Die Meere sind entstanden.

WIE ERFORSCHEN WISSENSCHAFTLER DIE OZEANE?

Ozeanographie nennt man die Wissenschaft, die sich mit der Erforschung der Meere befasst. Weil die Meere so groß und so tief sind, gibt es noch viele unerforschte Dinge. Die moderne Technik ist eine große Hilfe für die Forschung. Wasser- und Bodenproben werden mit Computern analysiert. Strömungen kann man elektronisch beobachten und vorhersagen. Ferngesteuerte U-Boote und Sonartechnik helfen bei der Erforschung des Meeresgrundes.

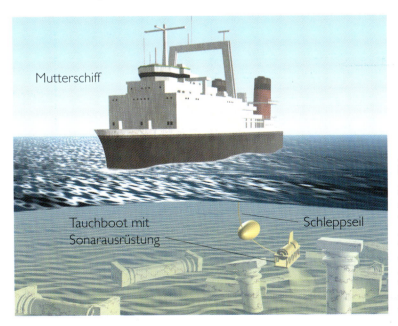

Sonargeräte helfen den Wissenschaftlern, den Meeresgrund zu erforschen. Schallwellen werden zum Meeresgrund gesandt, ihr Echo wird von einem Empfänger aufgefangen. Aus diesen Echos entwickelt ein Computer dann ein Bild, das man Sonogramm nennt.

WIE ENTSTEHEN INSELN?

Es gibt Inseln verschiedener Art und Größe. Manche sind durch Vulkanausbrüche auf dem Meeresgrund entstanden, wenn sich immer neue Lavaschichten abgelagert haben, bis sie schließlich aus dem Wasser ragten. Manchmal bilden viele Vulkaninseln lange Bögen. In den Tropen bauen winzige Meerestiere, die Korallen, im flachen Wasser große Riffs, die zu Inseln werden. Manchmal steigt auch das Meerwasser, sodass Teile des Festlandes abgetrennt werden.

Die Pfingstinseln vor der Küste von Queensland (Australien) sind ein Teil des Großen Barriere-Riffs, der weltgrößten Gruppe von Koralleninseln.

Wusstest du …?

IST DER MEERESGRUND EBEN?

Der Meeresboden ist keineswegs eben. Er ist fast ebenso vielgestaltig wie der Boden an Land. Es gibt Hügel, Ebenen, Gräben und Bergrücken.

WELCHES IST DER GRÖSSTE OZEAN?

Der größte Ozean der Welt ist der Pazifik mit einer Gesamtfläche von 165 384 000 Quadratkilometern.

SIND DIE OZEANE MITEINANDER VERBUNDEN?

Keines der fünf Weltmeere ist vollständig von Land umschlossen. Sie sind alle miteinander verbunden.

WAS IST EIN ATOLL?

Ein Atoll ist ein Kranz aus Korallenriffen rings um eine versunkene Insel.

WO BEGINNT UND WO ENDET EIN FLUSS?

Ein Fluss beginnt, wo sich Wasser sammelt und über die Erdoberfläche fließt. Das Wasser in allen Flüssen entsteht durch Regen oder Schnee. Manchmal fällt Regen auf ein Gebirge und fließt in Vertiefungen direkt zu Bächen und Flüssen zusammen. Quellen entstehen, wenn Regenwasser durch poröses Gestein versickert und an einer anderen Stelle, meist am Fuß des Berges, wieder austritt. Manche Flüsse beginnen, wo Gletscher schmelzen. Andere, etwa der Nil, werden von einem See gespeist. Alle Flüsse fließen in ein Meer.

Die meisten Flüsse entspringen in den Bergen.

Auf seinem Weg durch die Landschaft ändert der Fluss vielfach seine Richtung.

Wo der Fluss das Meer erreicht, liegt seine Mündung.

WIE ENTSTEHEN WASSERFÄLLE?

Wasserfälle findet man oft nahe der Quelle eines Flusses, wo das Wasser schnell fließt. Sie bilden sich, wenn eine weiche Gesteinsschicht unter einer härteren Schicht liegt. Das weiche Gestein wird schneller abgetragen als das harte. Dadurch bildet sich ein Sims, über das das Wasser fließt. Das weiche Gestein wird durch die Kraft des Wassers immer weiter abgetragen, sodass der Wasserfall sich langsam rückwärts verlagert.

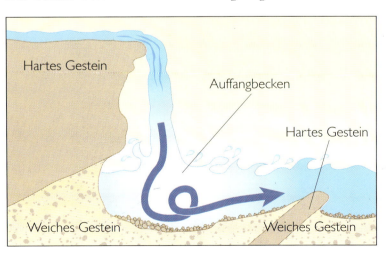

Ein Wasserfall im Yellowstone Nationalpark in den USA

Warum treten Flüsse über die Ufer?

Flüsse können aus verschiedenen Gründen über die Ufer treten. Bei starkem Regen, etwa während der Monsunzeit in den Tropen, sammelt sich mehr Wasser, als im Flussbett Platz findet. Auch wenn ein Flussbett versperrt ist, etwa durch einen Erdrutsch, sammelt sich das Wasser und überschwemmt das Land. Flüsse mit Gezeiten können über die Ufer treten, wenn bei einer Sturmflut viel Wasser in die Mündung gedrängt wird. In kalten Ländern hat schmelzender Schnee die gleichen Auswirkungen wie starker Regen. Schmilzt das Eis nahe der Quelle, jedoch nicht am mittleren Flusslauf, kann das Schmelzwasser nicht abfließen, und es droht eine Überschwemmung.

Durch Dämme oder Stauwerke kann man manche Überschwemmungen verhindern. Das Themsesperrwerk in London ist ein Beispiel. Droht eine Sturmflut, werden die Tore geschlossen, um eine Überflutung der englischen Hauptstadt zu verhindern.

Gibt es verschiedene Seen?

Seen sind Wasserflächen, die ringsum von Land umgeben sind. Sie bilden sich, wenn sich Wasser in Vertiefungen sammelt. Solche Vertiefungen können sich auf unterschiedliche Weise bilden.

Künstlicher See

Seen bilden sich in stillgelegten Kiesgruben, Steinbrüchen oder Tagebau-Minen. Auch durch Staudämme in Flüssen entstehen künstliche Seen.

Gletschersee
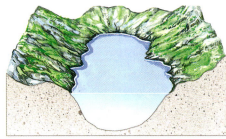

Seen können sich bilden, wo Eisplatten und Gletscher hartes Gestein ausgehöhlt haben. In Finnland gibt es viele solcher Seen.

Tektonischer See

Wo die Erdkruste abgesunken ist, etwa an Verwerfungslinien, kann sich Wasser sammeln. Der Nyasa-See in Ostafrika ist ein Beispiel für diese Seeform.

Kratersee

Wasser kann sich in den Kratern erloschener Vulkane sammeln, wie im Crater Lake in Oregon, USA. Auch aus Meteoritenkratern können Seen entstehen.

Wusstest du ...?

Gibt es Flüsse ohne Wasser?
In vielen Wüstengebieten gibt es trockene Flussbetten. Nur nach heftigem Regen führen diese Flüsse Wasser.

Welches ist der längste Fluss der Welt?
Mit 6671 Kilometern Länge ist der Nil der längste Fluss der Welt.

Welches ist der tiefste See der Welt?
Der Baikal-See in Sibirien (Russland) ist mit 1620 Metern der tiefste See.

Welches ist der höchste Wasserfall der Welt?
Die Angel-Fälle in Venezuela haben eine Fallhöhe von 979 Metern.

Was ist Bewässerung?
Wenn das Wasser aus einem See oder Fluss auf Ackerland geleitet wird, spricht man von Bewässerung.

Welches ist der grösste See?
Das Kaspische Meer ist trotz seines Namens der größte Binnensee der Erde.

Halten Seen ewig?
Seen können verschwinden. Sie können durch Staudämme abfließen, sich mit Schlamm aus Flüssen füllen oder als Folge von Klimaveränderungen verdunsten.

Warum sind Küsten so verschieden?

> Die Küsten der Welt sind unterschiedlicher als viele andere Landschaften. Art und Aussehen einer Küste hängt vom Gestein im Grenzbereich zwischen Land und Meer ab, aber auch von Stärke und Richtung der vorherrschenden Winde und Strömungen, sowie von Ebbe und Flut.

Das steile Ufer an Englands Südküste leuchtet weiß, weil es hauptsächlich aus Kreide besteht.

Wie werden Küsten abgetragen?

Das Meer hat so viel Kraft, dass es das Land an vielen Küsten abträgt. Höhlen und Bögen entstehen, wenn die Wellen von mehreren Seiten auf Landzungen prallen. Das Meer schleudert Steine gegen diese Felsen, sodass sie sich immer weiter verändern. Risse in den Felsen werden größer, wenn eindringendes Wasser Luft hineinpresst, die sich beim Abfließen des Wassers dann wieder ausdehnt.

Vorsprünge aus härterem Gestein widerstehen der Kraft des Meeres länger.

Die Luft in einer Höhle kann auch durch das Dach gepresst werden, sodass dort Wasser in die Höhe spritzt.

Risse in den Küstenfelsen werden ausgewaschen und bilden Höhlen.

Bogen

Säule

Dieser natürliche Bogen hat sich an der Küste von Dundle Door in England gebildet.

Was sind Bögen und Säulen?

Die beeindruckendsten Anblicke findet man an felsigen Küsten, wo von den Wellen Bögen und Säulen geformt wurden. Wenn das Meer den Felsen abträgt, bleibt nur das härteste Gestein stehen. Dabei bilden sich manchmal bogenförmige Vorsprünge. Im Laufe der Zeit kann das Dach der Bögen einstürzen, sodass schmale Säulen zurückbleiben.

Diese Säulen stehen vor den Magdalenen-Inseln in Kanada.

Wie entsteht ein Strand?

Strände entstehen, wenn abgetragenes Küstengestein zu feinem Sand zermahlen wird. Das Meer lagert diesen Sand an geschützten Stellen ab, und langsam entsteht so ein Strand.

An manchen Stränden wird mit speziellen „Zäunen" verhindert, dass das Meer den Sand wegschwemmt.

Strandsand wird manchmal in schmalen, gebogenen Landzungen abgelagert.

An Buhnen und Küstenschutzwällen lagern sich Sand und Schlick ab.

Bleiben Strände immer gleich?

Strände verändern sich ständig. Durch die Kraft von Wind und Wellen sind Schlick und Sand immerzu in Bewegung. Ein Kieselstrand kann sich in wenigen Monaten in einen Sandstrand verwandeln.

Kann man die Küsten vor der Kraft des Meeres schützen?

Es ist möglich, die Auswaschung der Küsten zu verhindern oder wenigstens zu verzögern. Buhnen verhindern die Abtragung von Sand in Längsrichtung. Sanddünen werden mit speziellen Gräsern und Bäumen befestigt. Brandungsmauern und Wellenbrecher verhindern die Auswaschung von Felsen und die Überflutung tief liegender Gebiete.

Brandungsmauern verhindern, dass die Wellen die Küste auswaschen.

Wellenbrecher werden ins Meer gebaut, um die Kraft der Brandung zu verringern.

Wusstest du …?

Wo liegt der längste Strand der Erde?

Der längste Strand ist Cox's Bazar in Bangladesch mit 121 Kilometern Länge.

Was ist eine Ria?

Als Ria bezeichnet man eine Einbuchtung der Küstenlinie, entstanden durch Eindringen des Meeres in eine Flussmündung.

Warum verändert das Meer seine Farbe?

Die Farbe des Meers hängt von zwei Faktoren ab: dem Wetter und der Beschaffenheit des Grundes. Bei stürmischem Wetter wirbeln die Wellen Schlamm vom Grund auf, das Wasser sieht braun aus. Das Wasser reflektiert auch die Farbe des Himmels, darum sieht es an schönen Tagen blau aus. An bewölkten Tagen ist es eher grau.

Haben Binnenseen Strände?

Auch an einigen Binnenseen gibt es Strände, doch sie verändern sich nicht so stark wie die Strände am Meer.

Was ist das Besondere an Korallenriffs?

Korallenriffs sind besondere Küsten, die aus Lebewesen bestehen. Sie wachsen in Gebieten mit besonders warmem, klarem und flachem Wasser. Winzige Lebewesen setzen sich auf dem Untergrund fest. Wenn sie absterben, bleiben ihre Kalkskelette zurück, an denen sich neue Lebewesen festsetzen. Auch sie sterben ab und es setzen sich abermals neue Lebewesen fest. Dieser Vorgang setzt sich ständig fort. Korallenriffs bilden besonders schöne Küsten.

Korallenriffs liegen oft nahe der Küste. Ein Saumriff ist direkt mit dem Land verbunden, während ein Barriere-Riff vom Land getrennt ist, sodass zwischen Land und Riff eine Lagune mit ruhigem Wasser entsteht.

WO WACHSEN WÄLDER?

Wälder gibt es überall, wo die Temperatur im Sommer über 10 °C steigt und mehr als 200 mm Niederschlag im Jahr fallen. Die Art des Waldes hängt von dem jeweiligen Klima, dem Boden und der Höhenlage ab. Die Wälder im äußersten Norden der nördlichen Erdhalbkugel nennt man Borealwälder. Gemäßigte Wälder findet man in den gemäßigten Zonen der nördlichen und südlichen Erdhalbkugel. Die Tropen sind für ihre großen, dichten Regenwälder bekannt.

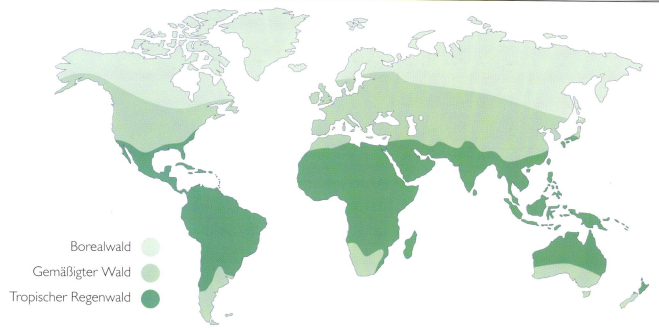

- Borealwald
- Gemäßigter Wald
- Tropischer Regenwald

WIE UNTERSCHEIDEN SICH DIE WÄLDER DER ERDE?

Regenwald

Nadelwald

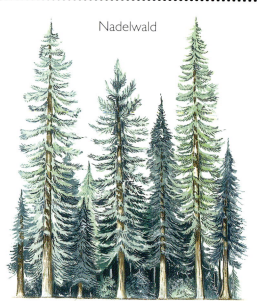

Laubwald

In Regenwäldern findet man eine große Vielfalt von Laubbäumen mit langen, schlanken Stämmen. Das Laub befindet sich hauptsächlich in den hohen Baumkronen. In Teilen Nordamerikas gibt es gemäßigte Regenwälder. Hier wachsen einige der ältesten und größten Bäume der Erde.

Im hohen Norden findet man ausschließlich Nadelwälder. In dem rauen Klima mit kalten Wintern, warmen Sommern und wenig Regen können nur robuste Bäume wie Kiefern, Fichten und Tannen gedeihen. Diese immergrünen Bäume haben schmale, nadelförmige Blätter.

Laubwälder findet man in den gemäßigten Zonen der Erde. Die Bäume in diesen Gebieten werfen im Winter oder in der Trockenzeit ihre Blätter ab. In dem milden Klima mit relativ viel Regen gedeihen Laubbäume wie Eichen und Buchen.

WIE SIEHT DER WALDBODEN AUS?

Auf dem Waldboden wimmelt es vor Leben. Verrottende Pflanzenteile bieten vielen Insekten Nahrung und verschiedenen Pilzen einen Nährboden. Auf dem feuchtwarmen Boden des Regenwaldes gedeihen viele Pflanzen und Moose, die Schatten lieben. Hier wachsen auch Palmen und junge Bäume, die sich in die Höhe recken. Kletterpflanzen, z.B. Lianen, schlingen sich um die Stämme und Äste der Bäume.

WARUM WERDEN WÄLDER ZERSTÖRT?

Wälder liefern den Menschen viele Rohstoffe. Bäume werden gefällt und als Brennholz, Baumaterial sowie zur Herstellung von Papier und Chemikalien benutzt. Wälder werden auch abgeholzt, um Platz für Landwirtschaft und andere Zwecke zu gewinnen. Vor allem die schnelle Zerstörung großer Regenwälder ist aber auch ein Problem. In jeder Sekunde verschwindet ein Stück Regenwald von der Größe eines Fußballfeldes. Diese Zerstörung hat schwere Folgen für die Tier- und Pflanzenwelt, aber auch für das Land selbst.

Erschreckend viele Wälder werden abgeholzt. Manche werden sorgfältig wieder aufgeforstet, sodass junge Bäume nachwachsen und in Zukunft Rohstoffe liefern können. Viele tropische Regenwälder werden aber aus wirtschaftlichen Gründen vernichtet und nicht aufgeforstet. Im 20. Jahrhundert wurde die Hälfte der Regenwälder der Erde abgeholzt.

WIE KANN MAN REGENWÄLDER WIEDER AUFFORSTEN?

Mit sorgfältiger Planung können Regenwälder wieder geschaffen werden, obwohl es mehr als 100 Jahre dauert, bis sie ihre ehemalige Größe erreicht haben. Ist der Boden aber beschädigt, können nur Sträucher nachwachsen.

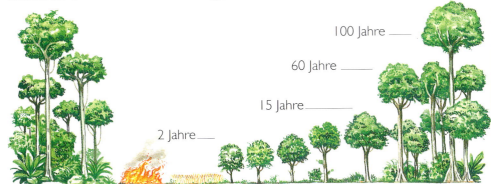

| Ursprünglicher, ungestörter Regenwald | Flächen werden für Landwirtschaft abgeholzt. | Spezielle Baumarten werden gepflanzt. | Ursprüngliche Baumarten siedeln sich an. | Der Wald kehrt zu seinem Urzustand zurück. |

2 Jahre — 15 Jahre — 60 Jahre — 100 Jahre

WELCHE TIERE LEBEN IM REGENWALD?

In tropischen Regenwäldern leben unglaublich viele Tiere. Mehr als die Hälfte der bekannten Arten ist allein im Regenwald des Amazonas zu Hause. Farbenprächtige Vögel wie Tukane, Papageien und Kakadus leben neben Gorillas und anderen Menschenaffen ode Tigern, Pumas und Wölfen sowie zahllosen Giftschlangen und Insekten.

Wusstest du …?

WIE VIEL FLÄCHE IST VON WALD BEDECKT?

Etwa ein Drittel der Landfläche der Erde ist von Wald bedeckt, allerdings nimmt die Fläche ständig ab.

WO LIEGT DER GRÖSSTE WALD DER WELT?

Das größte Waldgebiet liegt in Sibirien. Es hat eine Fläche von 11 Millionen Quadratkilometern.

WO LIEGT DER GRÖSSTE REGENWALD DER WELT?

Der Regenwald am Amazonas ist mit 7 Millionen Quadratkilometern der größte seiner Art.

WAS IST DURCHFORSTEN?

Beim Durchforsten eines Waldes werden alte Bäume gefällt, um den jüngeren mehr Platz zu geben.

WAS IST DAS UNTERHOLZ?

Unterholz nennt man die kleineren Pflanzen, z.B. Sträucher und Farne, die am Waldboden wachsen.

WELCHE MERKMALE HAT EINE WÜSTE?

Wüsten sind heiße, trockene Gebiete, entstanden durch fortwährende Verwitterung und Erosion des Landes durch starken Wind, extreme Temperaturen und gelegentlich Wasser. In manchen gibt es kahle Gebirgszüge, gewaltige Canyons und riesige Ebenen mit Felsen oder Sanddünen. In vielen Wüsten findet man ungewöhnliche Felsformationen, die durch Sand- und Winderosion entstanden sind.

Seltsame Felsgebilde sieht man in vielen Wüsten der Welt. Der Wind wirbelt Sand auf, der das weichere Gestein abträgt, sodass nur die harten Schichten zurückbleiben. Diese roten Felsen im Painted Desert in Arizona (USA) sind ein Beispiel.

Sanddünen bilden sich in ebenen Gebieten.

Durch Erosion entstandene Fels-Säulen ragen senkrecht auf.

Flüsse fließen oft in tiefen Canyons. Das Wasser stammt aus Gebieten außerhalb der Wüste.

Steile, oben abgeflachte Tafelberge bilden sich, wo weiche Gesteinsschichten abgetragen werden.

An vereinzelten Wasserstellen, Oasen genannt, gedeihen verschiedene Pflanzen.

WIE ENTSTEHEN SANDDÜNEN?

Sanddünen bilden sich, wenn der Wüstenwind den Sand aufhäuft. Sie verändern sich ständig, weil der Wind den Sand bewegt. Dünen haben unterschiedliche Formen, je nach Art ihrer Entstehung.

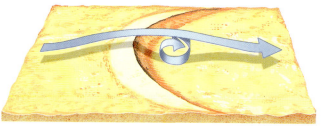

Barchan-Dünen
Besonders bekannt sind diese halbkreisförmigen Sanddünen. Der Sand an den Enden des Halbkreises wird schneller davongeweht als der in der Mitte.

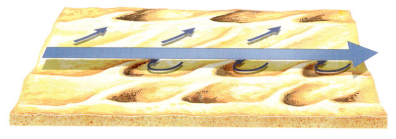

Seif-Dünen
In Gebieten mit wenig Sand und starkem Wind können sich auch Seif-Dünen bilden. Lange Rippen aus Sand werden parallel zur Windrichtung aufgehäuft. An den Rändern der Rippen verlangsamt sich der Wind, sodass Vertiefungen entstehen.

Gibt es verschiedene Wüsten?

Alle Wüsten entstehen in Gebieten mit besonders wenig Niederschlag – unter 250 mm im Jahr. Die Wüsten der Welt haben zwar viele Gemeinsamkeiten, doch sie unterscheiden sich auch, weil sie in unterschiedlichen Klimazonen liegen. Tropische Wüsten bilden sich, wenn trockene Luft ihre gesamte Feuchtigkeit über dem Äquator abregnet. Kontinentale Wüsten findet man weit im Landesinneren, wo die Luft kein Wasser mehr enthält. Die Wüste Gobi in Zentralasien ist ein Beispiel. Regenschatten-Wüsten liegen hinter Gebirgen, an denen sich die Wolken stets abregnen. Kalte Meeresströmungen können trockene Luft nach unten drücken, sodass Küstenwüsten entstehen.

Die Sahara ist eine Kontinentalwüste. Sie liegt weit im Landesinneren und erhält kaum Regen. Typisch für die Landschaft sind die gewaltigen Wanderdünen, Erg genannt.

Monument Valley in Arizona (USA) ist eine typische Regenschatten-Wüste. Solche Wüsten sind oft an ihrer schroffen, felsigen Landschaft zu erkennen.

Können Menschen in der Wüste leben?

Trotz der harten Lebensbedingungen dort bewohnen die Menschen seit Jahrtausenden auch die Wüsten. Die Beduinen z.B. sind Nomadenvölker, die in Afrika und im Nahen Osten mit ihren Kamelherden umherziehen und in der Nähe von Oasen oder in Flusstälern lagern.

Die Buschmänner der Kalahari in Afrika leben von dem, was sie in der Natur finden. Sie haben besondere Techniken entwickelt, um Wasser zu finden.

Die Beduinen ziehen seit Jahrhunderten durch die Wüste. Heute leben mehr Menschen als früher in den Wüsten. Weil in vielen Wüsten wichtige Bodenschätze wie Erdöl gefördert werden, hat man sogar feste Siedlungen in Gebieten gebaut, die früher als unbewohnbar galten. Mit Hilfe moderner Technik kann man diese Gebiete heute auch mit Wasser versorgen.

Was ist eine Fata Morgana?

Heiße Wüstenluft kann das Licht verzerren, sodass man Dinge in der Ferne an einem Ort sieht, an dem sie sich gar nicht wirklich befinden. In der warmen Luft über dem Boden kommt das Licht schneller voran als in der kühleren Luft in größerer Höhe. Dadurch bricht sich das Licht, das von einem Gegenstand reflektiert wird, und der Gegenstand scheint auf dem Kopf zu stehen oder dem Betrachter näher zu sein. In Wüsten und über heißen Straßen kann die heiße Luft auch flimmern, sodass sie wie eine Wasserfläche aussieht.

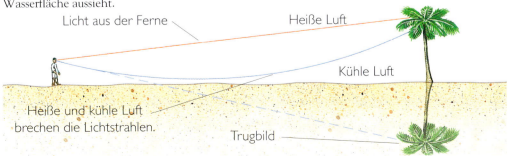

Wusstest du ..?

Wie entsteht ein Sandsturm?

Wenn ein Sturm über die Wüste fegt, wirbelt er den Sand auf und kann ihn viele Kilometer weit tragen.

Wo ist der heisseste Ort der Erde?

Der heißeste Ort der Erde ist das Death Valley in Kalifornien (USA). Hier kann die Temperatur auf 57 °C ansteigen.

Wie lange kann ein Mensch in der Wüste überleben?

Mit ausreichend Wasser, Schatten, Nahrung und Kleidung können Menschen problemlos in der Wüste überleben. Ohne diese würde ein Mensch bei Temperaturen über 45 °C aber schon innerhalb eines Tages sterben.

Warum ist es in manchen Wüsten nachts kalt?

Weil der Himmel über Wüsten meist klar ist, kann die Wärme nachts nach oben entweichen. Dadurch wird es nachts empfindlich kalt.

Welches ist die grösste Wüste?

Die Sahara ist mit Abstand die größte Wüste der Welt. Sie hat eine Fläche von 8 600 000 Quadratkilometer. Die zweitgrößte Wüste ist die Arabische Wüste. Sie hat nur ein Viertel der Fläche der Sahara.

Warum werden die Wüsten grösser?

Durch intensive Landwirtschaft und Abholzung von Waldflächen haben die Menschen dem Boden geschadet. Es können keine Pflanzen mehr wachsen, der Boden trocknet aus, die Wüsten vergrößern sich.

Was ist ein Dreikanter?

Dreikanter nennt man in Südafrika kleinere Steine, die von Wind und Sand ganz flach geschliffen sind.

WIE ENTSTEHT KOHLE?

Kohle besteht aus fossilen Überresten von Pflanzen, die unter der Erde über Millionen von Jahren starkem Druck ausgesetzt waren. Bäume und andere Pflanzen wurden in moorigen Gebieten begraben, wo sie nur langsam verrotteten. Zunächst entsteht aus den Pflanzen ein faseriges Material, der Torf. Lagert sich auf dem Torf immer mehr Sediment ab, wird er zusammengedrückt und verwandelt sich allmählich in Kohle. Der jeweilige Gehalt an Wasser und Kohlenstoff bestimmt die Art der Kohle. Je tiefer die Kohle liegt, desto mehr Kohlenstoff und weniger Wasser enthält sie und desto trockener und hochwertiger ist sie. Die Kohleschichten in der Erde nennt man Flöze. Je tiefer ein Flöz liegt, desto dünner ist es.

Bäume und Pflanzen versinken in Mooren.

Durch die Verrottung entsteht Torf.

Braunkohle enthält noch relativ viel Wasser und nur etwa 70% Kohlenstoff.

Teerkohle ist etwas härter und hat einen Kohlenstoffgehalt von 85%.

Steinkohle ist besonders hart und enthält 90% Kohlenstoff.

GIBT ES VERSCHIEDENE ARTEN DES KOHLEABBAUS?

Je nach Tiefe des Kohleflözes baut man die Kohle mit unterschiedlichen Methoden ab. Liegt sie sehr tief, wird ein Minenschacht gebohrt. Der Kohleabbau unter der Erde („unter Tage") ist teuer und besonders gefährlich. In bergigen Gebieten kann man Kohle manchmal vom Hang aus durch waagerechte Tunnel abbauen. Die einfachste Methode ist der Tagebau. Dabei werden die oberen Erdschichten abgetragen, um an die darunter liegende Kohle zu gelangen.

Früher hat der Tagebau die Landschaft stark verändert. Heute werden ehemalige Kohlegruben wieder aufgefüllt, damit die Fläche für andere Zwecke genutzt werden kann. Etwa zwei Drittel der Kohle werden heute im Tagebau gefördert.

Kohle ist eine gute Energiequelle und wird darum in Kraftwerken verbrannt. Bei der Verbrennung entsteht aber Kohlendioxid, das in die Atmosphäre gelangt und die Umwelt schädigt. Aus den Kühltürmen dieses Kraftwerks (rechts) steigt kein Rauch, sondern Wasserdampf.

WOFÜR WIRD KOHLE GEBRAUCHT?

Hauptsächlich dient Kohle als Brennstoff. Zum Heizen von Wohnungen benutzt man sie heute seltener, doch viele Kraftwerke in aller Welt treiben mit Kohle ihre Generatoren an. Kohle dient auch zur Herstellung anderer Produkte, etwa Koks, den man bei der Stahlherstellung braucht. Koks entsteht, wenn man Kohle ohne Luft erhitzt, um ihr Stickstoff und Kohleteer zu entziehen. Diese beiden Stoffe werden dann zu anderen Produkten verarbeitet, z.B. Pestiziden, Farben und Medikamenten.

UNSERE ERDE

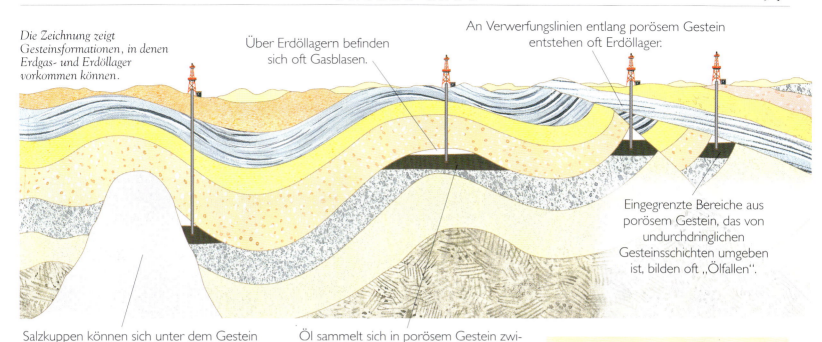

Die Zeichnung zeigt Gesteinsformationen, in denen Erdgas- und Erdöllager vorkommen können.

Über Erdöllagern befinden sich oft Gasblasen.

An Verwerfungslinien entlang porösem Gestein entstehen oft Erdöllager.

Eingegrenzte Bereiche aus porösem Gestein, das von undurchdringlichen Gesteinsschichten umgeben ist, bilden oft „Ölfallen".

Salzkuppen können sich unter dem Gestein in die Höhe schieben und Öl einschließen.

Öl sammelt sich in porösem Gestein zwischen undurchdringlichen Gesteinsschichten.

WIE ENTSTEHEN ERDÖL UND ERDGAS?

Erdöl und Erdgas sind die Überreste von Organismen, die vor Millionen von Jahren in den Meeren lebten. Sie sanken auf den Grund und wurden von Sand und Schlamm bedeckt – ähnlich wie die Pflanzen bei der Entstehung von Kohle. Nachdem sich eine dicke Schlammschicht angesammelt hatte, wurden die Überreste durch Bakterien, Hitze und Druck zersetzt und verwandelten sich allmählich in Öl und Gas. Diese Bodenschätze sind heute in Schichten aus porösem Gestein gefangen – entweder am Meeresgrund oder in Gebieten, die einmal von Meer bedeckt waren. Geologen nennen Erdöl auch Petroleum, was übersetzt Steinöl bedeutet.

WOFÜR WIRD ERDÖL GEBRAUCHT?

Der Kunststoff für diese Spielzeuge wird aus Erdöl hergestellt.

Öl ist ein wertvoller Bodenschatz, weil er für viele Zwecke gebraucht wird. Das Rohöl, das aus der Erde kommt, wird raffiniert, um verschiedene Produkte zu gewinnen, etwa Benzin und Dieseltreibstoff für Fahrzeuge, Heizöl oder Kerosin für Flugzeuge. Außerdem werden aus Erdöl Kunststoffe, Schmiermittel, Medikamente und Lösemittel hergestellt.

WIE WERDEN ÖL UND GAS TRANSPORTIERT?

Öl und Gas können über weite Strecken transportiert werden – entweder mit Tankschiffen oder durch kilometerlange Rohrleitungen, Pipelines genannt. Öltanker sind oft sehr groß, manche können mehr als 100 Millionen Liter laden. Durch Pipelines wird das Öl von den Ölfeldern oder den Bohrinseln direkt zur Raffinerie oder in Tankschiffe befördert.

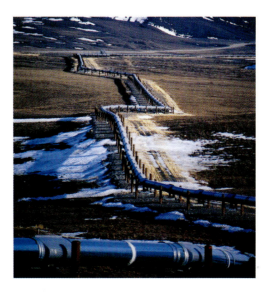

Durch Pipelines werden Öl und Gas über lange Strecken gepumpt. Die Trans-Alaska-Pipeline in den USA verbindet die alaskische Nord- und Südküste und ist mehr als 1290 Kilometer lang.

Wusstest du …?

WOFÜR WIRD GAS VERWENDET?

Erdgas braucht man zum Heizen von Wohnungen. Wie Erdöl wird es auch raffiniert und zur Herstellung von Chemikalien benutzt.

WIE VIEL ERDÖL GIBT ES?

Die Erdölvorkommen reichen nicht ewig. Forscher haben errechnet, dass um das Jahr 2040 die Vorräte beginnen werden, zur Neige zu gehen.

WARUM RIECHT GAS?

Natürliches Erdgas hat einen strengen Geruch nach Methan, der beim Raffinieren verschwindet. Damit Schäden an Gasleitungen leichter zu finden sind, setzt man Haushaltsgas einen Geruchsstoff zu.

WANN WURDE PLASTIK ERFUNDEN?

Den ersten brauchbaren Kunststoff mit dem Namen „Bakelit" erfand Henrik Baekeland im Jahre 1909.

WIE FINDET MAN ERDÖL?

Um Erdöl- und Erdgaslager zu finden, werden Testsprengungen durchgeführt. Man beobachtet deren Schockwellen, wertet sie aus und führt Probebohrungen durch.

WAS SIND ERNEUERBARE ENERGIEN?

In Wasserkraftwerken treibt Wasser, das hinter Dämmen gestaut wird, große Stromturbinen an.

In Seen oder Becken wird Wasser aufgestaut.

Der Druck des Wassers treibt die Turbinen an.

> Erneuerbare Energien verwenden Quellen, die nicht verbraucht werden können. Im Gegensatz zu Energie aus fossilen Brennstoffen sind sie sauber und weniger umweltschädlich. Beispiele sind Sonnenenergie und Windenergie. Geothermale Energie wird mit Hilfe der Wärme im Inneren der Erde gewonnen. Auch Bäume, Pflanzen, Wasser und sogar Abfall kann man zur Energiegewinnung nutzen.

WIE WIRD ENERGIE AUS WASSER GEWONNEN?

Wasser kann man auf dreierlei Weisen zur Stromerzeugung nutzen. 7% der Elektrizität auf der Welt werden mit Wasserkraft gewonnen. Meist wird das Wasser mit Dämmen aufgestaut und dann durch Rohre zu Turbinen geleitet. Der Wasserdruck dreht die Turbinen, die wiederum Generatoren antreiben, um Strom zu erzeugen. Ähnlich lässt sich auch die Energie von Ebbe und Flut in engen Flussmündungen nutzen. Schwimmende Generatoren können sogar die Auf- und Abbewegung der Wellen nutzen, um Strom zu erzeugen.

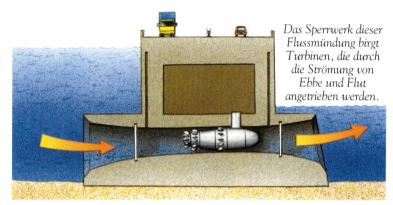

Das Sperrwerk dieser Flussmündung birgt Turbinen, die durch die Strömung von Ebbe und Flut angetrieben werden.

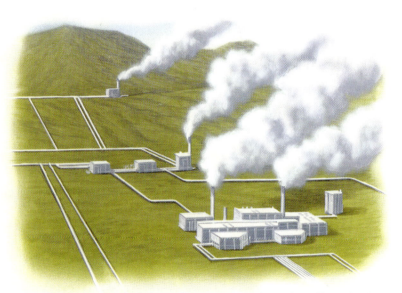

WAS IST GEOTHERMALE ENERGIE?

In Gebieten mit aktiver Vulkantätigkeit kann man die Wärmeenergie aus dem Inneren der Erde zur Gewinnung von Elektrizität nutzen. Kraftwerke erzeugen mit Hilfe der Hitze des geschmolzenen Gesteins heißes Wasser und Dampf. Der Dampf treibt Turbinen an, das heiße Wasser wird zum Heizen direkt in die Häuser gepumpt. In Island und Neuseeland wird die Erdwärme so genutzt.

Geothermal-Kraftwerke haben tiefe Brunnen, aus denen das vulkanisch erhitzte Wasser stammt.

WIE HILFT DER WIND BEI DER STROMERZEUGUNG?

Die Kraft des Windes kann die Rotorblätter großer Windräder antreiben. Diese Rotoren treiben wiederum Generatoren an, die Elektrizität erzeugen. In Gebieten mit ständigem, gleichmäßigem Wind baut man Windparks aus vielen solcher Windräder. Ideal für Windparks sind flache, offene Landstriche und Küstenregionen. Die mit Windrädern erzeugte Elektrizität wird neben Strom aus anderen Quellen in das Leitungsnetz eingespeist.

Durch moderne Technik lässt sich auch der Wind zur Erzeugung von Elektrizität nutzen.

Was ist Sonnenenergie?

Solarenergie-Systeme verwandeln mit Hilfe von photovoltaischen Zellen (so genannten Solarzellen) die Lichtenergie der Sonne in Elektrizität. Diese Zellen ähneln denen in vielen Taschenrechnern, sind aber viel größer und können ganze Gebäude oder Betriebe in Gebieten, die das Elektrizitätsnetz nicht erreicht, mit Strom versorgen. Die meisten Solarzellen-Systeme speichern die Energie in Batterien, damit sie jederzeit zur Verfügung steht. Sonnenenergie lässt sich auch zum Erwärmen von Wasser nutzen.

Ein Fahrzeug mit Sonnenenergie-Antrieb. Die ganze Oberfläche ist mit Solarzellen bedeckt, die Energie erzeugen, um die Räder anzutreiben. Das Auto braucht kein teures Benzin, ist aber nicht sehr praktisch.

Kann man aus Müll Energie gewinnen?

In manchen Kraftwerken werden zur Energiegewinnung Abfälle direkt verbrannt. Aber auch Abfälle, die auf Deponien abgelagert wurden, erzeugen beim Verrotten Methangas, das man auffangen und nutzen kann. Das Gas wird gereinigt und zum Heizen von Häusern oder zum Betreiben von Kraftwerken verwendet. Zwar wird durch Müllverbrennung die Müllmenge stark verringert, doch entstehen beim Verbrennen Abgase, die ihrerseits der Umwelt schaden.

Was ist Atomenergie?

Atomkraftwerke treiben ihre Dampfturbinen mit der Energie aus radioaktivem Material wie Uran oder Plutonium an. Die Atome dieser Stoffe erzeugen im Reaktor Hitze, die zur Dampferzeugung genutzt wird. Im Gegensatz zu Energie aus fossilen Brennstoffen produziert Atomenergie keine schädlichen Abgase. Die verbrauchten Atombrennstäbe müssen jedoch gelagert werden, was teuer und gefährlich ist und eine ernste Gefahr für die Umwelt bedeutet.

In den beiden Kuppeln dieses Atomkraftwerks sind die Reaktoren untergebracht, in denen die Energie zum Antreiben der Generatoren erzeugt wird.

Wusstest du …?

Was ist Biogas?

Wenn pflanzliche Stoffe verrotten, entsteht ein brennbares Gas, das man als Energiequelle nutzen kann. Auch aus gehäckseltem Holz kann man Biogas gewinnen.

Was ist Biodiesel?

Aus Raps und anderen ölhaltigen Pflanzen kann man Öle gewinnen, die auch zu Treibstoff für Fahrzeuge verarbeitet werden. Das Rohmaterial für diesen Treibstoff wächst nach und kann im Gegensatz zu Erdöl nicht verbraucht werden.

Was ist Äthanol?

Äthanol ist ein Alkohol, der aus Getreide gewonnen wird. Auch er könnte als Brennstoff nützlich werden.

Warum ist Atomkraft gefährlich?

Atom-Brennstoffe senden eine unsichtbare Strahlung aus, die bei Menschen und Tieren Krebs auslösen kann. Gerät radioaktives Material in die Atmosphäre, kann es auch Pflanzen und Bäume schädigen und so große Landstriche unbewohnbar machen.

WIE VERWERTET DIE INDUSTRIE ROHSTOFFE?

Viele Industriezweige verarbeiten Rohstoffe, die aus der Erde gewonnen werden. Neben den fossilen Brennstoffen sind das Mineralien wie Salz, Lehm und Schwefel. Auch Metalle wie Kupfer und Eisenerz werden in der Industrie verwendet. Zur Primärindustrie gehören die Betriebe, die solche Rohstoffe fördern. Als Sekundärindustrie bezeichnet man die Firmen, die diese Rohstoffe verarbeiten.

Bäume werden gefällt, entastet und dann zu Holzhäcksel zerkleinert.

Je nach Art des Papiers werden Chemikalien und Farbstoffe zugegeben.

Die Holzhäcksel werden in Wasser eingeweicht und die Fasern mit Laugen oder Säuren getrennt. Jetzt kann auch gebrauchtes Papier zugegeben werden.

Die Pulpe wird auf ein Sieb gegossen.

Mit Walzen wird die Flüssigkeit aus der Pulpe gepresst.

Das Papier wird gepresst, geglättet und aufgerollt.

WIE WERDEN BÄUME ZU PAPIER?

Holz besteht aus Tausenden winziger Fasern. Bei der Papierherstellung werden diese Fasern getrennt und in einem Kreuzmuster neu angeordnet. Das Holz wird fein zerkleinert und mit Chemikalien behandelt, damit sich die Fasern voneinander trennen. Zur Papierherstellung verwendet man meist Weichholz von Kiefern oder Fichten.

WAS IST KERAMIK?

Keramik wird aus lehmigen oder steinigen Materialien hergestellt, die man in der Erde findet. Manchmal wird das Material geformt, etwa zu Vasen oder Ziegelsteinen, und dann gebrannt, damit es hart wird. Auch Glas ist eine Art von Keramik. Es wird erst erhitzt und dann geformt. Manche Keramikmaterialien vertragen sehr hohe Temperaturen und werden für spezielle Geräte in Industrie und Technik verwendet.

WIE SCHADET DER BERGBAU DER UMWELT?

Der Bergbau verursacht verschiedene Umweltprobleme. Bei der Suche nach wertvollen Mineralien werden oft andere Stoffe in der Landschaft abgelagert. Wenn sie giftig sind und ins Grundwasser gelangen, können sie Menschen und Natur gefährden. Außerdem kann der Bergbau die Landschaft verunstalten.

Tongefäße bestehen aus einer Mischung von feinem, glattem Kaolin (Porzellanerde) und stabilerem Ton. Die Masse wird geformt und dann im Brennofen hart gebrannt.

Diese Eisenerz-Grube in Brasilien hat die Landschaft verschandelt.

Wie wird aus Eisen Stahl?

Eisen stellen die Menschen schon seit 1500 v. Chr. aus Eisenerz her. Heute wird Eisen meist zu Stahl verarbeitet, der wesentlich vielseitiger ist. Bei der Stahlgewinnung wird dem Eisen der Kohlenstoff entzogen. Je nach Art des Stahls werden andere Stoffe zugesetzt. Stahl wird in einem Hochofen hergestellt. Geschmolzenes Eisen und Stahlreste werden in den Hochofen gegossen, dann wird Sauerstoff zugeführt. Der Sauerstoff verbindet sich mit dem Kohlenstoff aus dem Eisen zu Kohlenmonoxid.

1 Geschmolzenes Eisen und Stahlreste werden in den Hochofen gefüllt.

2 Sauerstoff wird zugeführt, damit sich Kohlenmonoxid bildet. Kalk wird zugegeben, um Verunreinigungen zu binden.

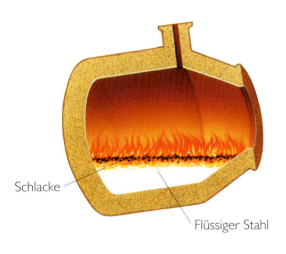

3 Die Verunreinigungen schwimmen als „Schlacke" auf der Oberfläche des flüssigen Stahls.

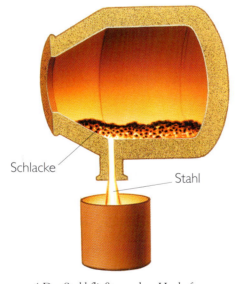

4 Der Stahl fließt aus dem Hochofen, die Schlacke bleibt zurück.

Warum ist Glas so nützlich?

Glas ist eines der ältesten von Menschen hergestellten Materialien. Bei der Herstellung wird Sand erhitzt, mit anderen Materialien vermischt und beim Abkühlen geformt. Glas lässt sich leicht formen, es ist preiswert herzustellen und man kann es immer wieder recyceln. Es wird für viele Zwecke benutzt, von Gebäuden über Flaschen und Gläser bis zu optischen Geräten oder modernen Glasfasern in der Kommunikationstechnik.

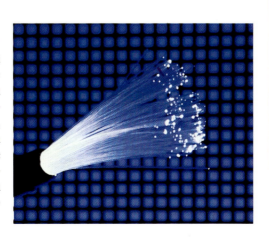

Glas wird auch für Glasfaserkabel verwendet, mit denen man Informationen in Lichtgeschwindigkeit um die Welt schicken kann.

Wusstest du …?

Woher kommt das meiste Gold der Erde?

Die größten Vorkommen dieses Edelmetalls liegen in den Ländern des südlichen Afrika. 30% der Einnahmen des Staates Südafrika stammen aus Goldexporten.

Gibt es auch Länder ohne Bodenschätze?

Japan ist einer der führenden Hersteller von elektronischen Geräten, Autos und Schiffen. Das Land besitzt jedoch fast gar keine Bodenschätze.

Woher kommt Silizium?

Silizium ist das verbreitetste feste Element auf der Erde. Es kommt in Gestein und Lehmarten vor, ist aber recht schwierig zu gewinnen. Es ist ein Halbleiter, das heißt, es leitet unter bestimmten Bedingungen elektrischen Strom. Silizium wird zur Herstellung von elektronischen Bauteilen wie Mikrochips benötigt.

Woher kommt das meiste Holz der Erde?

Die USA sind der größte Holzproduzent der Erde, sie liefern etwa 14% des gesamten Weltverbrauchs.

Woher kommt Aluminium?

Aluminium ist das verbreitetste Metall der Erde, es kommt aber kaum in reiner Form vor. Meist findet man es in Form von Bauxit. Das ist ein Erz, das in Gestein vorkommt und Aluminium, Sauerstoff und Silizium enthält. Aluminium ist wertvoll, weil es sehr leicht und zugleich stabil ist.

WARUM IST WASSER SO WICHTIG?

Ohne Wasser gäbe es kein Leben auf der Erde – kein Lebewesen kann ohne es auskommen. Wir Menschen brauchen sauberes Wasser zum Trinken, aber auch zur Reinigung und für die Gesundheit. Es gibt viel Wasser auf der Erde, aber es ist nicht gleichmäßig verteilt. Der Wasserverbrauch steigt immer weiter, in manchen Gebieten ist Wasser knapp geworden. Dort ist die Versorgung mit Trinkwasser aufwändig und teuer. Für viele Leute ist eine zuverlässige Wasserversorgung selbstverständlich, doch ohne sie käme die Industrie zum Stillstand und das Leben wäre bedroht.

WIE KOMMT DAS WASSER IN UNSERE WOHNUNGEN?

In die meisten Häuser gelangt das Wasser durch unterirdische Leitungen. Es kommt aus einem natürlichen oder künstlich angelegten See und fließt durch verschiedene Filteranlagen, ehe es als Trinkwasser aus dem Wasserhahn strömt.

Wasser wird in einem See oder Stausee gesammelt.

Chemische Filter beseitigen kleine Teilchen, die im Wasser schwimmen.

Größere Schmutzteilchen werden in Kies- und Sandbetten ausgefiltert.

Das Wasser wird mit Chlor behandelt, um Bakterien abzutöten. Etwas Chlor bleibt im Wasser, damit keine neuen Bakterien auftreten können.

In großen Tanks oder Türmen wird der Trinkwasservorrat für die Häuser gespeichert.

WOFÜR BRAUCHT DIE INDUSTRIE WASSER?

Die Industrie braucht sehr viel Wasser, und zwar für verschiedene Zwecke. Chemiefabriken brauchen Wasser, um andere Stoffe aufzulösen, aber auch als Kühlmittel. Kraftwerke erzeugen aus Wasser Dampf für ihre Turbinen. Und natürlich wird Wasser in allen Industrieanlagen zur Reinigung benutzt.

Wasser spielt bei der Stromerzeugung eine wichtige Rolle. Viele Kraftwerke erzeugen aus Wasser Dampf, um ihre Turbinen anzutreiben. Atomkraftwerke brauchen es zur Kühlung ihrer Reaktoren. In Wasserkraftwerken treibt das Wasser die Turbinen direkt an.

WARUM WIRD WASSER GEFILTERT?

Bakterien müssen aus dem Wasser für die Haushalte entfernt werden, weil sie schwere Krankheiten auslösen können. Schmutzteilchen werden entfernt, weil sie die Rohre abnutzen und in Industriebetrieben Geräte schädigen können.

UNSERE ERDE

WOHER KOMMT DAS WASSER IN LÄNDERN MIT WENIG REGEN?

In Gebieten mit geringem Regenfall ist die Wasserversorgung schwierig. Manchmal muss man tiefe Brunnen graben oder Wasser von natürlichen Quellen herbeipumpen. In manchen Ländern entsalzt man sogar Meerwasser. Wenn man Meerwasser erhitzt, verdunstet nur das reine Wasser. Sobald es kondensiert, fängt man es auf. Das konzentrierte Salz bleibt zurück.

WELCHE KRANKHEITEN KANN UNSAUBERES WASSER VERURSACHEN?

Viele Menschen in den Entwicklungsländern haben kein sauberes Wasser zum Trinken und zur Reinigung. Auf dem Land müssen sie manchmal Wasser aus den gleichen Flüssen, Seen oder Teichen trinken, in die auch Abwasser geleitet wird. In den Städten reichen die Wasser- und Abwasserleitungen oft nicht aus. In solchen Fällen drohen gefährliche Krankheiten wie Ruhr, Cholera und Gelbfieber.

WOHER KOMMT MINERALWASSER?

Mineralwasser stammt aus natürlichen, unterirdischen Quellen. Es enthält unterschiedliche Mineralien, abhängig davon, in welcher Art von Gestein die Quelle liegt und durch welches Gestein das Wasser fließt. Kalzium, Natrium und Schwefel sind oft in Mineralwasser enthalten. Die meisten Mineralquellen liegen in hügeligen oder bergigen Gebieten.

Viele Menschen in Westeuropa trinken Mineralwasser, weil sie es für besonders gesund halten.

Wusstest du …?

WIE WIRD DIE WASSERQUALITÄT GEMESSEN?

Zum Bestimmen der Wasserqualität untersucht man, was das Wasser enthält. Das können Bakterien, Phosphate und Metalle sein. Die Menge dieser Stoffe bestimmt die Qualität des Wassers. Trinkwasser muss von besserer Qualität sein als Wasser zum Bewässern von Land.

WAS IST KESSELSTEIN?

In Kesseln und Wasserkochern sieht man manchmal einen graugrünen Belag, den Kesselstein. Er entsteht durch Mineralien im Wasser. Wenn Wasser viel Kesselstein bildet, nennt man es „hart".

WELCHE LÄNDER VERBRAUCHEN DAS MEISTE WASSER?

Es ist nicht verwunderlich, dass Länder mit vielen Einwohnern das meiste Wasser verbrauchen. Der Verbrauch der USA, der GUS (ehemalige UdSSR), Indiens und Chinas macht 45% des gesamten Weltverbrauchs aus.

WAS IST DER WASSERKREISLAUF?

Etwa 97% des gesamten Wassers der Erde befindet sich in den Meeren. Weitere 2% sind in den Polkappen gefroren. Der Rest (gerade mal 1%) befindet sich ständig in einem natürlichen Kreislauf. Durch die Wärme der Sonne verdunstet Wasser aus Flüssen, Seen und Meeren. So entsteht Wasserdampf, der sich in der warmen Luft der Atmosphäre fängt. Kühlt der Dampf ab, kondensiert er – es bilden sich Wolken. Aus diesen fällt das Wasser als Regen, Schnee oder Hagel wieder zur Erde und füllt die Wasserspeicher. Das meiste Wasser fließt wieder in die Meere und der Kreislauf beginnt von vorn.

Seit wann betreiben die Menschen Landwirtschaft?

Schon vor etwa 12000 Jahren züchteten die Menschen im Nahen Osten Getreide. Sie bauten verschiedene Arten von Weizen und Gerste an. Schon damals stellte man daraus Mehl für Brot her. Das Wissen der Bauern breitete sich von dort nach Europa und Asien aus. In Nord- und Südamerika begannen die Menschen um 7000 v. Chr. mit der Landwirtschaft.

Was ist intensive Landwirtschaft?

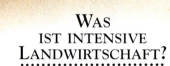

Die moderne Welt hat einen hohen Verbrauch an Lebensmitteln, der durch Ackerbau und Viehzucht gedeckt werden muss. Viele Bauern setzen verschiedene Maschinen ein, um möglichst gute Ernten zu gewinnen. Traktoren benutzen sie zum Pflügen und Säen, geerntet wird mit Mähdreschern. Gegen Schädlinge und Krankheiten werden Gifte gespritzt. Die Tiere in großen Viehzuchtbetrieben werden oft über lange Zeit in sehr engen Ställen gehalten. Manche Menschen machen sich daher Sorgen um das Wohlergehen dieser Tiere.

Im Frühling vor der Aussaat werden die Felder gepflügt.

Zur Ernte von Getreide werden Mähdrescher eingesetzt.

Die Sämaschine legt die Samen und bedeckt sie automatisch mit Erde.

Gifte gegen Schädlinge und Krankheiten werden mit dem Spritzbalken versprüht.

Was ist Subsistenzwirtschaft?

In vielen Entwicklungsländern bauen die Menschen gerade genug zum Essen für die eigene Familie an. Ernten sie mehr, verkaufen sie es auf dem örtlichen Markt. Dazu halten sie einige Tiere, manchmal um das Fleisch zu essen, meist aber als Arbeitstiere für die Bestellung des Bodens. Diese Landwirtschaft zur reinen Selbstversorgung nennt man Subsistenzwirtschaft.

In manchen Ländern haben sich die Arbeitsmethoden seit Jahrtausenden nicht verändert. Das Leben dieser Bauern ist hart und die Ernte hängt stark von den Wetterverhältnissen des Jahres ab.

Was pflanzen Ackerbauern besonders häufig an?

Die wichtigsten Nahrungspflanzen sind Getreide, z.B. Weizen, Mais und Reis. Weizen als Grundzutat für Brot wird in aller Welt angebaut, oft in großen Mengen. Reis wächst auf überfluteten Feldern hauptsächlich in Asien, wo er Grundnahrungsmittel ist. Durch intensive Landwirtschaft erntet man in den USA von einem Hektar Land vier Mal so viel wie von der gleichen Fläche in Afrika.

Was ist selektive Zucht?

Weil im Laufe langer Zeit nur Pflanzenarten angebaut wurden, die besonders gut wuchsen oder schmeckten, haben sich ihre Größe, Geschmack und Aussehen allmählich verbessert. Bestimmte Viehrassen wurden gezüchtet, um Arten mit besonders viel Fleisch zu erhalten. Dieses Verfahren nennt man selektive Zucht.

Die modernen Rinderrassen sind durch viele Jahre selektiver Zucht entstanden.

Wie funktioniert ein Mähdrescher?

Für einen modernen Ackerbaubetrieb ist ein Mähdrescher sehr wichtig. Er hilft, große Mengen Getreide schnell zu ernten. Seinen Namen trägt er, weil er zwei Arbeitsgänge erledigen kann: das Mähen der Getreidehalme und das Dreschen, bei dem die Körner aus der Pflanze gelöst werden. Früher musste man diese Arbeiten von Hand oder mit zwei Maschinen ausführen.

Im Drescher werden die Körner von den Halmen gelöst.

Zwei Schnecken befördern das Getreide auf einen bereitstehenden Hänger.

Eine Schneckenwelle dreht sich und befördert die Halme zum Förderband.

Über ein Rad werden die Halme zum Schneidwerk trans-

Über ein Förderband gelangen die Halme zum Drescher.

Das Mähwerk ganz vorn schneidet die Halme ab.

Wusstest du …?

Was sind genmanipulierte Nahrungsmittel?

Bei der Genmanipulation versucht man, Ernten und Vieh durch Veränderung ihrer Erbanlagen zu verbessern. So kann man Pflanzen erzeugen, denen Giftstoffe oder extremes Wetter nicht schaden oder die in Gebieten gedeihen, wo sie früher nicht wuchsen. Viele Menschen fürchten, dass solche Nahrungsmittel der Umwelt und der Gesundheit schaden können.

Was ist organische Landwirtschaft?

Organische oder biologische Landwirtschaft verwendet keine künstlichen Dünger und Schädlingsbekämpfungsmittel, sondern nur natürliche. Vieh wird unter natürlicheren Bedingungen gehalten als in den „Fleischfabriken".

Was ist ein Lebensmittelberg?

Manchmal erzeugt die Landwirtschaft mehr, als die Menschen benötigen – die Nachfrage des Marktes ist geringer als das Angebot. Dann werden die Lebensmittel gelagert, man spricht von einem „Berg".

Was sind Exportfrüchte?

Als Exportfrüchte bezeichnet man Ernten, die hauptsächlich zum Verkauf in andere Länder angebaut werden. Kaffee und Gummi werden in manchen Entwicklungsländern nur aus diesem Grund angebaut.

Wie kommt es zu einer Hungersnot?

In manchen Gegenden sind die Bewohner hauptsächlich von dem abhängig, was dort angebaut wird. Wenn wegen des Wetters die Ernte schlecht ausfällt, werden die Lebensmittel knapp, es herrscht eine Hungersnot.

WIRD ES IMMER FISCHE IN DEN MEEREN GEBEN?

Der Fischfang ist weltweit eine wichtige Industrie – doch nur so lange, wie es Fische zu fangen gibt. In manchen Teilen der Welt sind die Fischbestände durch moderne Fischereimethoden stark geschrumpft: Weil die Nachfrage nach Fisch gestiegen ist, steuern mehr Schiffe die Fanggründe an. Durch moderne Technik sind die Fischschwärme leichter zu finden. Aus engmaschigen Netzen können auch junge Fische nicht entwischen, sodass es immer weniger Nachwuchs gibt. Es ist zwar unwahrscheinlich, dass die Meere einmal ganz leer gefischt werden. Dennoch haben viele Länder strenge Fischereigesetze erlassen, um den Schaden zu begrenzen.

Schleppnetze werden in unterschiedlicher Tiefe geschleppt, je nach Art der gefangenen Fische.

Rundnetze bilden einen großen Kreis, in dem die Fische gefangen werden.

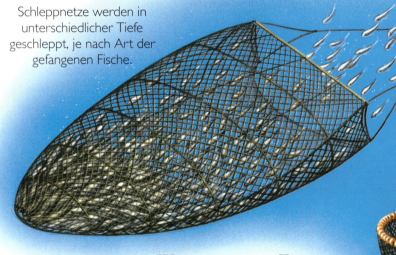

AUF WELCHE WEISE WERDEN FISCHE GEFANGEN?

Zum Fang von großen Mengen Fisch wendet die Fischindustrie verschiedene Methoden an. Meist werden dabei Netze benutzt. Trawler nennt man Boote, die ein kegelförmiges Netz hinter sich herschleppen. Mit Rundnetzen wird ein Schwarm Fische eingekreist, dann wird das Netz zusammengezogen. Senkrecht im Wasser hängende Treibnetze können bis zu 95 km lang sein. Mit ihnen kann man in einem einzigen Fischzug mehrere Millionen Fische fangen.

Treibnetze sind sehr wirkungsvoll, können aber andere Meereslebewesen schädigen.

WO LIEGEN DIE BESTEN FISCHGRÜNDE?

Als Fischgründe bezeichnet man die Gebiete der Meere, wo besonders viele Fische gefangen werden. Die besten Fischgründe liegen im Bereich der Kontinentalschwellen, der relativ flachen Zonen entlang der Küsten der Kontinente. Hierher kommen viele Fische, weil sie dort reichlich Nahrung finden.

Die blauen Bereiche zeigen die wichtigsten Fischgründe der Welt.

WIE FÄNGT MAN SCHALENTIERE?

Schalentiere wie Langusten und Hummer werden in Körben gefangen. Diese Körbe stehen auf dem Meeresgrund, ihre Position wird durch eine schwimmende Boje gekennzeichnet. Die Öffnung der Körbe ist so gebaut, dass die Tiere hineingelangen, aber nicht wieder hinaus.

Schalentiere werden im flachen Wasser nahe der Küste gefangen. Die Fischer legen die Körbe aus und kehren später zurück, um den Fang einzuholen.

WAS SIND FISCHFARMEN?

Wenn Fische unter kontrollierten Bedingungen vermehrt werden, spricht man von einer Fischfarm. Dabei werden Teile von Seen, Flüssen oder Flussmündungen abgesperrt, wo junge Fische aus den Eiern schlüpfen und heranwachsen, bis sie groß genug zum Verkauf sind. Diese „Aquakultur" wird immer beliebter. In Süßwasser-Farmen werden Lachse, Karpfen und Forellen gezüchtet. Austern und andere Muschelarten werden an manchen Meeresküsten vermehrt.

Auf Fischfarmen wächst in kurzer Zeit reichlich Nachwuchs heran. Besonders häufig wird Lachs gezüchtet, wie auf dieser Farm in Island.

Wusstest du …?

WELCHE LÄNDER FANGEN DIE MEISTEN FISCHE?

Japans Fischereiflotte ist auf allen Weltmeeren unterwegs und fängt Millionen von Tonnen. Auch Russland und China sind wichtige Fischereiländer.

WERDEN NOCH WALE GEFANGEN?

Japan, Kanada, Norwegen und wenige andere Länder lassen den Walfang noch zu, die meisten anderen haben ihn verboten oder stark beschränkt.

GIBT ES NEBENPRODUKTE DER FISCHINDUSTRIE?

Aus manchen Fischen wird auch Öl gewonnen. Die Gräten werden zur Herstellung von Düngemitteln verwendet.

WELCHES IST DER BELIEBTESTE FISCH?

Viele Fischarten werden kommerziell genutzt. Küstenfische wie Sardinen und Heringe sind wichtige Quellen für Fischöle und Fischmehl. Atlantikdorsch ist in Europa und Nordamerika ein bedeutender Speisefisch, während russische und japanische Schiffe hauptsächlich Köhler fangen.

WAS WAR DER DORSCHKRIEG?

In den 1970er Jahren stritten Island und Großbritannien um die Fischereigebiete im Nordatlantik. Bei den Auseinandersetzungen, die als „Dorschkrieg" bekannt wurden, kamen auch Schiffe der britischen und isländischen Küstenwache zum Einsatz.

WIE GROSS IST DER ANTEIL VON FISCH AN DER GESAMTNAHRUNG?

Die Fischerei deckt 20% des Nahrungsbedarfes der Welt.

GIBT ES NUR AUF DER ERDE LEBEWESEN?

> Soweit wir wissen, ist die Erde der einzige Planet in unserem Sonnensystem, auf dem es Lebewesen gibt. Hier gibt es alles, was uns bekannte Lebewesen brauchen: Wasser, Kohlenstoff, Sauerstoff, Stickstoff und reichlich Nahrung. Das Leben auf der Erde ist sehr artenreich und braucht für sein Bestehen komplexe Ökosysteme.

Trotz vieler Bemühungen von Astronomen und anderen Weltraumforschern ist noch auf keinem anderen Planeten Leben entdeckt worden.

WIE WIRD DIE BIOSPHÄRE ERFORSCHT?

Wissenschaftler, die sich mit den Beziehungen zwischen den verschiedenen Lebensformen der Erde befassen, nennt man Ökologen. Sie unterscheiden die Biosphäre in verschiedene, miteinander verknüpfte Bereiche. Solche Bereiche nennt man Nische, Lebensraum und Ökosystem.

WAS IST DIE BIOSPHÄRE?

Die Biosphäre ist der Bereich der Erde, in dem es Leben gibt. Er erstreckt sich vom Grund der tiefsten Meere bis in die Luft hoch über dem Erdboden.

Ein Ökosystem ist ein bestimmter Teil der Biosphäre, in dem es Lebewesen gibt.

Ein Lebensraum ist ein Bereich, in dem verschiedene Artengemeinschaften zusammenleben.

Eine Nische ist der Bereich eines Lebensraums, in dem eine bestimmte Pflanzen- oder Tierart lebt.

WIE GROSS IST EIN ÖKOSYSTEM?

Als Ökosystem bezeichnet man jeden Bereich, der verschiedene Lebewesen beherbergen kann. Er kann nahezu jede Größe haben. Ein Regentropfen kann Bakterien und andere mikroskopische, voneinander abhängige Lebewesen beherbergen, darum könnte man auch ihn als Ökosystem bezeichnen.

Ein Ökosystem kann so klein wie ein Wassertropfen oder so groß wie ein Wald sein

RECYCELT DIE ERDE IHRE RESSOURCEN?

Die für das Leben notwendigen Stoffe werden nicht verbraucht, sondern fortwährend recycelt. In diesem Kreislauf spielen Tiere und Pflanzen eine wichtige Rolle.

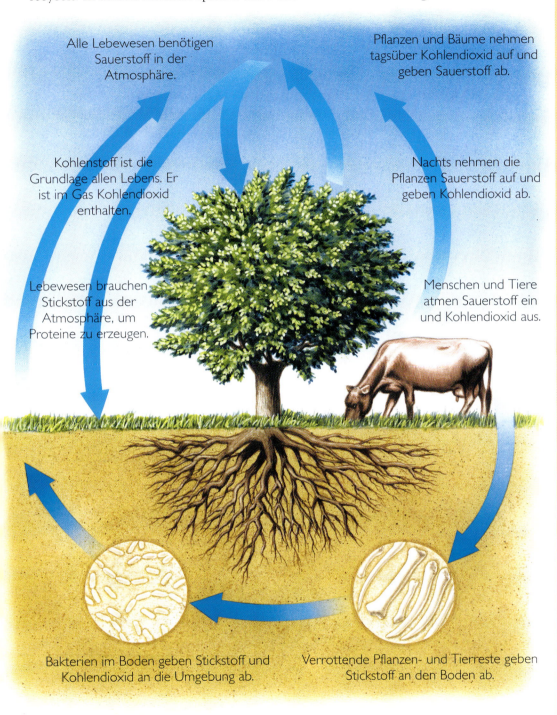

Alle Lebewesen benötigen Sauerstoff in der Atmosphäre.

Pflanzen und Bäume nehmen tagsüber Kohlendioxid auf und geben Sauerstoff ab.

Kohlenstoff ist die Grundlage allen Lebens. Er ist im Gas Kohlendioxid enthalten.

Nachts nehmen die Pflanzen Sauerstoff auf und geben Kohlendioxid ab.

Lebewesen brauchen Stickstoff aus der Atmosphäre, um Proteine zu erzeugen.

Menschen und Tiere atmen Sauerstoff ein und Kohlendioxid aus.

Bakterien im Boden geben Stickstoff und Kohlendioxid an die Umgebung ab.

Verrottende Pflanzen- und Tierreste geben Stickstoff an den Boden ab.

WELCHE FUNKTION HAT DIE OZONSCHICHT?

Ozon ist ein wichtiges Gas in der Erdatmosphäre. Es schirmt einen Teil der schädlichen ultravioletten Strahlung der Sonne ab. Die Ozonschicht ist eine dünne Gasschicht, welche die Erde in einer Höhe zwischen 15 und 50 km umhüllt.

Die Ozonschicht ist nur ein kleiner Teil der Erdatmosphäre.

Wusstest du …?

WAS IST ARTENVIELFALT?

Wenn in einem Lebensraum oder Ökosystem viele verschiedene Tier- und Pflanzenarten leben, spricht man von einer großen Artenvielfalt. Ökologen beurteilen anhand der Artenvielfalt, wie „gesund" ein Gebiet ist.

WIE SÄHE DIE ERDE OHNE LEBEN AUS?

Gäbe es kein Leben auf der Erde, würde die Atmosphäre wahrscheinlich der des Mars ähneln – trocken und arm an Sauerstoff. Der gesamte Stickstoff der Atmosphäre würde sich in den Ozeanen sammeln.

WAS IST DIE GAIA-THEORIE?

Gaia stammt aus dem Griechischen und bedeutet „Mutter Erde". In den 1970ern entwickelte der Forscher James Lovelock die Theorie, dass die Erde ein einziger lebender Organismus ist, der sich selbst versorgt. Dies nennt man die Gaia-Theorie.

SEIT WANN GIBT ES MENSCHEN AUF DER ERDE?

Menschen leben seit etwa 35000 bis 40000 Jahren auf der Erde. Gemessen am Alter der Erde von etwa 4,6 Milliarden Jahren ist das ein recht kurzer Zeitraum.

WIRD ES IMMER LEBEN AUF DER ERDE GEBEN?

Diese Frage wird oft gestellt. Die Dinosaurier lebten über 150 Millionen Jahre lang, ehe sie durch eine große Katastrophe ausgelöscht wurden – man vermutet, dass damals ein Asteroid mit der Erde zusammenstieß. Durch ein solches Ereignis oder durch die langsame Zerstörung des ökologischen Gleichgewichts könnten auch die heutigen Lebewesen ausgerottet werden. Wahrscheinlich würden sie aber durch neue Arten ersetzt werden.

WIE GEFÄHRDEN DIE MENSCHEN DIE ERDE?

Die Menschen haben die Erde stärker geschädigt als alle anderen Arten von Lebewesen. Vernichtung der Regenwälder, Verschmutzung durch die Industrie und Verschwendung von Rohstoffen sind nur einige Beispiele für die Gefährdung der Ökologie durch den Menschen.

Wenn aus Tankern auf dem Meer Öl ausläuft, erleiden Küsten und Meereslebewesen schweren Schaden. Das Reinigen der Strände dauert lange und ist sehr teuer.

WAS IST GLOBALE ERWÄRMUNG?

Der „Treibhauseffekt" ist ein natürlicher Vorgang, durch den die Gase der Erdatmosphäre die Sonnenwärme einfangen und so die Erde warm halten. Weil die Industrie so viele fossile Brennstoffe verbrennt, ist der Anteil an Kohlendioxid und anderen „Treibhausgasen" in der Atmosphäre unnatürlich gestiegen. Dadurch wird die Erde langsam immer stärker erwärmt.

Wolken und die Atmosphäre reflektieren einen Teil der Wärme erneut zur Erde.

Wärme von der Sonne

Ein Teil der Wärme strahlt wieder in den Weltraum ab.

Wärme wird von der Atmosphäre zurückgehalten.

Die Atmosphäre erwärmt sich.

Die Erde wird durch die in der Atmosphäre gefangene Wärme erhitzt.

Die Erde wird durch die Sonne erwärmt.

Wasser in der Luft vermischt sich mit Gasen.

Verschmutztes Wasser fällt als Regen, Schnee oder Hagel herab.

Fabriken und Kraftwerke geben giftige Abgase ab.

Die Umwelt wird geschädigt.

WAS IST SAURER REGEN?

Abgase von Fabriken, etwa Schwefeldioxid und Stickstoffdioxid, vermischen sich mit dem Wasser in der Luft zu Schwefel- oder Salpetersäure, die mit Regen, Schnee oder Hagel wieder auf die Erde fällt. Diese Säuren verunreinigen Flüsse und Seen, vernichten Bäume und können sogar Verätzungen an Gebäuden verursachen.

Was sind FCKWs?

FCKWs (Fluorchlorkohlenwasserstoffe) sind ebenfalls Teibhausgase. Sie waren früher in Sprühdosen, Kühlgeräten, Klimaanlagen und manchen Schaumstoffen enthalten. Weil inzwischen bekannt ist, dass sie die Umwelt schädigen, wurden sie in vielen Ländern verboten.

Heute werden in Sprühdosen meist Treibgase verwendet, die keine FCKWs enthalten.

Warum hat die Ozonschicht ein Loch?

Unter bestimmten Bedingungen können FCKWs die Ozonschicht schädigen. Sie verbinden sich mit sehr kalter Luft und bilden dabei einen chemischen Stoff, der das Ozon langsam auflöst. Besonders schwer ist der Schaden über dem Südpol, dort wurde schon 1985 ein großes Loch entdeckt. Wenn die Ozonschicht beschädigt ist, können mehr ultraviolette Strahlen von der Sonne auf die Erde gelangen, wo sie die Gesundheit von Menschen und Tieren gefährden und Ernten schädigen.

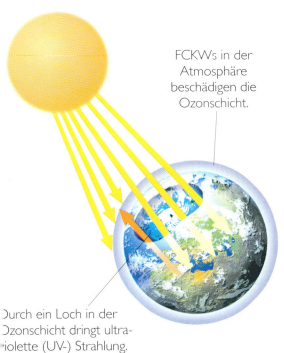

FCKWs in der Atmosphäre beschädigen die Ozonschicht.

Durch ein Loch in der Ozonschicht dringt ultraviolette (UV-) Strahlung.

Bei Sonnenschein muss man sich vor den schädlichen ultravioletten Strahlen schützen. Sie verursachen Sonnenbrand und können langfristig zu Hautkrebs führen.

Was kann ich tun, um die Umwelt zu schützen?

Jeder kann zum Schutz der Umwelt beitragen. Hier sind einige Vorschläge: Verwende möglichst Recyclingpapier und trenne den Müll. Altglas, Altpapier, Bioabfälle und Verpackungsmaterialien können wiederverwendet oder recycelt werden. Benutze öffentliche Verkehrsmittel, denn sie verschmutzen die Umwelt weniger als Privatautos. Schalte Lampen und andere Elektrogeräte aus, wenn sie nicht gebraucht werden.

Der dichte Verkehr in Großstädten ist die Hauptursache für Smog. In manchen Ländern bemüht man sich, das Problem zu lösen, indem der Verkehr beschränkt und schadstoffarmes Benzin verwendet wird. Smog und Luftverschmutzung sind dennoch ein großes Problem, weil sie Krankheiten der Atemwege, z.B. Asthma, verursachen können.

Wusstest du …?

Wo fällt der meiste saure Regen?

Saurer Regen fällt nicht in den Regionen, wo er entsteht, weil er mit den Wettersystemen zieht. Skandinavien hat unter der Umweltverschmutzung durch die Industriegebiete in England, Osteuropa und Deutschland zu leiden. Die Hälfte des sauren Regens, der in Kanada fällt, stammt vermutlich aus dem Nachbarland USA.

Tun die Regierungen etwas für den Schutz der Erde?

In den letzten 50 Jahren haben die Menschen das Problem der Umweltverschmutzung erkannt. Seitdem sind viele neue Gesetze erlassen worden, um weitere Schäden zu verhindern. Allerdings sind umweltfreundliche Techniken teuer, und manche Regierungen und Firmen vermeiden ihren Einsatz, so weit es erlaubt ist.

Was ist ein Katalysator?

Die Abgase von Benzinmotoren enthalten schädliche Stoffe wie Kohlenmonoxid und Stickoxide, die Smog verursachen und die Gesundheit der Menschen schädigen. Ein Katalysator ist ein Gerät, das in den Auspuff eines Autos eingebaut wird und diese Stoffe in weniger schädliches Kohlendioxid, Stickstoff und Wasser verwandelt.

Was ist eine Deponie?

Als Deponie bezeichnet man Flächen, auf denen Müll gelagert wird, den man nicht recyceln kann. Später werden diese Flächen einfach mit Erde abgedeckt.

Was ist Smog?

Smog ist eine Mischung aus Rauch und Nebel. Er wird hauptsächlich durch Auspuffgase von Fahrzeugen verursacht und ist vor allem in großen Städten ein Problem. Wenn sich bei Sonnenschein die Luft erwärmt und den Smog wie eine Glocke über dem Erdboden festhält, ist er besonders belastend.

WIRD ES IMMER MEHR MENSCHEN AUF DER ERDE GEBEN?

Vor etwa 1000 Jahren begann die Bevölkerung der Erde sich stark zu vermehren. Besonders groß war der Zuwachs im 20. Jahrhundert. Im Jahr 2000 lebten sechs Milliarden Menschen auf der Erde und es werden immer mehr. Viele Menschen fürchten, dass dieses Bevölkerungswachstum eines Tages Probleme wie Lebensmittelknappheit und Überfüllung mit sich bringt.

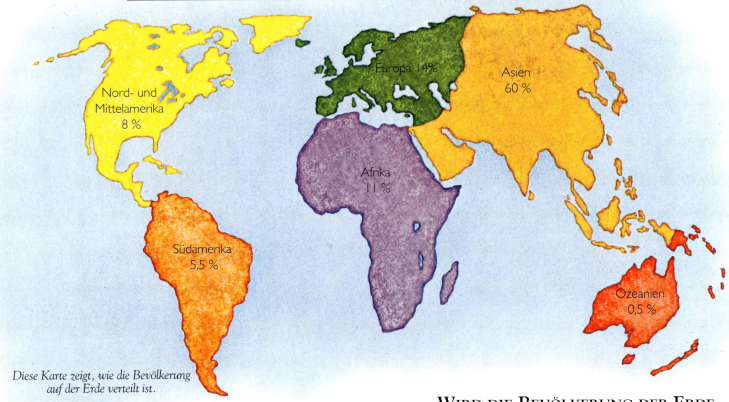

Diese Karte zeigt, wie die Bevölkerung auf der Erde verteilt ist.

IN WELCHEM LAND LEBEN DIE MEISTEN MENSCHEN?

Seit einiger Zeit hat China die größte Bevölkerung. In diesem großen Land leben mehr als eine Milliarde Menschen – das ist etwa ein Sechstel der Weltbevölkerung. Um das Bevölkerungswachstum zu stoppen, empfiehlt die chinesische Regierung den Familien, nur ein Kind zu haben.

WIRD DIE BEVÖLKERUNG DER ERDE ÄLTER ODER JÜNGER?

Das Durchschnittsalter der Menschen ist von Land zu Land verschieden. In den Industrieländern ist es meist höher. Wegen der guten Gesundheitsversorgung leben die Menschen dort länger, außerdem haben die Familien weniger Kinder. In armen Ländern ist die Lebenserwartung niedriger, viele Kinder sterben bei der Geburt. Darum haben die Familien mehr Kinder und das Durchschnittsalter ist niedriger.

Was ist Verstädterung?

Heutzutage leben immer mehr Menschen in den Städten, weil es dort mehr Arbeitsplätze gibt. Moderne Bautechniken ermöglichen, dass viele Menschen auf geringem Raum leben können. Etwa die Hälfte aller Menschen der Erde lebt heute in den Städten, und dieser Anteil wird vermutlich noch zunehmen.

Immer mehr Menschen ziehen in die Städte, um Arbeit zu finden. In den Entwicklungsländern hat das dazu geführt, dass die Städte bereits überfüllt sind.

Warum wandern manche Menschen in andere Länder aus?

Für die meisten Menschen ist der Hauptgrund zur Auswanderung die Arbeitssuche. Das moderne Nordamerika entstand durch große Auswandererströme. Zwischen 1860 und 1910 wuchs die Bevölkerung von 31 auf 92 Millionen Menschen. Manche Menschen verlassen ihre Heimat aus religiösen oder politischen Gründen oder weil dort Krieg herrscht. Man bezeichnet sie als Flüchtlinge.

Die „Pigerväter" kamen als erste europäische Auswanderer 1620 mit dem kleinen Segelschiff „Mayflower" nach Amerika. Sie gründeten eine Siedlung, die sie Plymouth nannten – nach der englischen Stadt, aus der sie in See gestochen waren.

Im 19. und 20. Jahrhundert kamen Millionen von europäischen Auswanderern in die Vereinigten Staaten. Das Erste, was sie von ihrer neuen Heimat sahen, war die Freiheitsstatue in New York. Das nahe gelegene Ellis Island war viele Jahre lang Nordamerikas wichtigster Einwanderungshafen.

Wusstest du …?

Kann man das Bevölkerungswachstum steuern?

In den Entwicklungsländern stellt das Bevölkerungswachstum ein großes Problem dar. Hier versucht man, die Menschen über Geburtenkontrolle und Verhütungsmethoden zu informieren, um die Situation zu entschärfen.

Wie viele Menschen werden täglich geboren?

Täglich kommen etwa 255 000 Menschen zur Welt – in jeder Sekunde werden drei neue Babys geboren.

Was ist ein Zensus?

Ein Zensus ist eine Volkszählung. Regierungen tragen dabei verschiedene Informationen über die Menschen zusammen, die in ihrem Land leben. Sie erfahren, wie viele Personen in einem Haushalt leben, welche Berufe sie haben und woher sie ursprünglich stammen. Diese Informationen werden beispielsweise für die Planung des Gesundheitssystems und des Schulwesens gebraucht.

Welche Stadt hat die meisten Einwohner?

Im Gebiet der japanischen Hauptstadt Tokio leben etwa 28 Millionen Menschen.

Wo wird die Bevölkerung in den nächsten zehn Jahren am stärksten wachsen?

Vermutlich wird die Bevölkerung vor allem in den Entwicklungsländern in Afrika, Asien und Lateinamerika zunehmen – dort, wo dadurch die größten Probleme entstehen.

Was ist Familienplanung?

Durch fachliche Information und medizinische Unterstützung können Familien planen, wie viele Kinder sie haben möchten.

WAS SIND EINGEBORENE VÖLKER?

Die Menschheit besteht aus vielen verschiedenen Staaten und Volksgruppen. Eingeborene Völker sind die Menschen, die seit jeher in einem bestimmten Gebiet leben. Oft verwendet man den Begriff für die Ureinwohner von Gebieten, in denen heute Menschen aus anderen Teilen der Erde leben.

WAS SIND INDIANER?

Vor etwa 20000 Jahren kamen die ersten Siedler aus Asien nach Nordamerika. Damals waren die beiden Erdteile noch verbunden, sie konnten also über Land ziehen. Aus diesen ersten Siedlern entwickelten sich allmählich verschiedene Stämme, die sich über das ganze Land verteilten. Als die ersten Europäer im 15. Jahrhundert nach Amerika kamen, glaubten sie in Indien zu sein und nannten die Ureinwohner, die sie dort fanden, Indianer. Das Verhältnis zwischen den Indianern und den weißen Siedlern war schwierig, es gab viele Kämpfe.

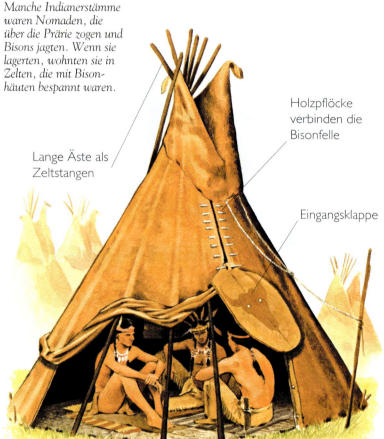

Manche Indianerstämme waren Nomaden, die über die Prärie zogen und Bisons jagten. Wenn sie lagerten, wohnten sie in Zelten, die mit Bisonhäuten bespannt waren.

- Holzpflöcke verbinden die Bisonfelle
- Lange Äste als Zeltstangen
- Eingangsklappe

Viele amerikanische Indianer leben in Reservationen – speziellen Gebieten, die ihnen die amerikanische Regierung im 19. Jahrhundert zugewiesen hat.

Die Inuit bauen seit jeher Iglus – Jagdhütten aus Eisblöcken.

WAS SIND INUIT?

Vor etwa 4000 Jahren ließ sich eine Gruppe Menschen in der eisigen Region der Arktis nieder. Sie bewohnen Teile von Sibirien, Alaska, Kanada und Grönland. Sie nennen sich selbst „Inuit", was auf Deutsch „Menschen" bedeutet. Viele Inuit sind noch heute Jäger oder Fellhändler. Vor allem für junge Angehörige des Volkes ist es schwierig, zwischen der alten Tradition und der modernen Welt zu stehen.

WER LEBTE URSPRÜNGLICH IN AUSTRALIEN?

Vor etwa 40 000 Jahren kamen die ersten Menschen aus Südostasien nach Australien. Die europäischen Siedler, die im 18. Jahrhundert eintrafen, nannten sie „Aborigines" (Ureinwohner). Für die australischen Ureinwohner war es schwierig, sich an das Leben der Siedler anzupassen. Noch heute lernen die jungen Aborigines viel über ihre alte Kultur.

WAS IST DIE TRAUMZEIT?

Die natürliche Umgebung ist den australischen Ureinwohnern sehr wichtig. Sie glauben, dass die Welt in einer längst vergangenen „Traumzeit" von den Vorfahren der Menschen, Tiere und Pflanzen geschaffen wurde. Malereien, Lieder, Tanz und Geschichten erzählen noch heute von der Traumzeit.

WER LEBTE AUF DER OSTERINSEL?

Eines der Geheimnisse der Welt sind die Menschen, die einmal auf der Osterinsel im Südpazifik lebten. Die Insel ist berühmt für ihre gewaltigen Stein-Statuen. Man vermutet, dass sie vor mehr als 1000 Jahren von Volksstämmen hergestellt wurden, die möglicherweise die Vorfahren der Einwohner von Polynesien sind.

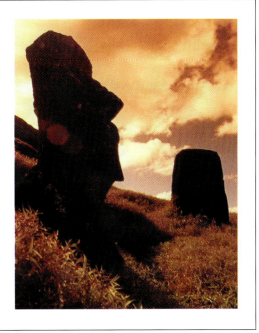

Auf der Osterinsel gibt es mehr als 600 uralte Statuen. Manche sind über 20 Meter hoch.

WIE KÖNNEN ZIVILISATIONEN UNTERGEHEN?

Volksgruppen können ausgelöscht werden, wenn ihre Lebensweise durch starke Veränderungen bedroht wird. Ein bekanntes Beispiel ereignete sich im frühen 16. Jahrhundert, als die spanischen Eroberer das Land der Inka und Azteken in Südamerika besetzten. Mehr als 70 Millionen Ureinwohner starben an Krankheiten wie Masern und Pocken, die die Spanier aus Europa mitgebracht hatten. Die Krankheiten waren den Inka und Azteken nicht bekannt, darum kannten sie auch keine Heilmittel.

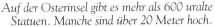

Die Festung Macchu Picchu war ein wichtiger Stützpunkt der Inka. Sie war auf mehreren Terrassen hoch in den Bergen Perus errichtet, wo die Spanier sie nicht entdeckten.

Wusstest du …?

WAS IST KOLONIALISMUS?

Im 19. Jahrhundert nahmen viele europäische Staaten Einfluss auf Länder in aller Welt. Meist gab es dafür wirtschaftliche oder militärische Gründe, und fast immer wurden die Ureinwohner der Kolonien ausgebeutet.

WELCHES VOLK WURDE ALS LETZTES „ENTDECKT"?

Bis in die 1930er Jahre waren die Völker, die in den Wäldern Papua-Neuguineas leben, in der westlichen Welt unbekannt.

WOHER KAMEN DIE MAORI?

Die Maori kamen vor etwa 1000 Jahren von den Inseln Polynesiens in das tausende von Kilometern entfernte Australien. Die Legenden der Maori erzählen, dass sie mit nur sieben kleinen Kanus über das Meer segelten.

WO LEBEN DIE PYGMÄEN?

Es gibt verschiedene Stämme von Pygmäen (sehr kleine Menschen), die in den Regenwäldern Zentralafrikas leben.

WAS SIND MASSAI?

Die Massai sind ein Nomadenstamm von Viehhirten, die im Grenzland zwischen Kenia und Tansania umherziehen.

WAS IST RELIGION?

Als Religion bezeichnet man eine Lehre, die versucht, Antwort auf schwierige Fragen der Menschen zu geben – etwa, woher wir kommen. Schon immer haben die Menschen über solche Fragen nachgedacht, und es haben sich verschiedene Religionen entwickelt, um sie zu beantworten. Fast immer erzählen sie von einem oder mehreren Göttern – übermächtigen Wesen, welche die Welt geschaffen haben und bestimmen, was sich ereignet. Die Religionen haben im Laufe der Geschichte großen Einfluss auf Kunst und Kultur, aber auch auf das Entstehen von Staaten und Reichen gehabt.

Die Geschichte von Jesus ist im Neuen Testament festgehalten, einem Teil der Bibel. Vermutlich wurde sie von den Aposteln aufgeschrieben, die ihn gut kannten.

WAS GLAUBEN CHRISTEN?

Das Christentum ist eine Religion mit nur einem Gott. Die Christen glauben, dass Gottes Sohn Jesus Christus unter den Menschen lebte, um ihnen den Weg zum ewigen Leben durch die Vergebung der Sünden zu zeigen. Sie glauben, dass Jesus von seinen Widersachern ermordet wurde, von den Toten auferstand und zu Gott in den Himmel aufstieg. Das Christentum ist die größte Religion der Welt, es hat die meisten Gläubigen.

WER WAR MOHAMMED?

Mohammed lebte als Prophet im 7. Jahrhundert und gründete die Religion des Islam. Die Anhänger (Moslems oder Muslime) glauben, dass die Lehre des Gottes Allah von vielen Propheten verbreitet wurde, darunter Mohammed und Jesus Christus. Für die Moslems war Mohammed der bedeutendste Prophet. Seine Lehren sind im Heiligen Buch des Islam, dem Koran, aufgeschrieben.

WELCHES WAR DIE ERSTE RELIGION MIT EINEM EINZIGEN GOTT?

Die erste Religion, die nur einen Gott hat, war das Judentum. Die Juden glauben, dass ihre Religion vor 4000 Jahren im Nahen Osten entstand, als Abraham, der Vater des jüdischen Volkes, Gottes Wort hörte. Gott sagte Abraham, die Juden seien sein auserwähltes Volk, weil sie seine Gesetze befolgten und seine Botschaft verbreiteten. Das jüdische Volk ist im Laufe der Geschichte in vielen Erdteilen immer wieder verfolgt worden.

Jerusalem ist sowohl für die Christen, die Moslems als auch die Juden eine heilige Stadt. Das ist einer der Gründe dafür, dass es dort immer wieder Spannungen und Auseinandersetzungen gibt.

Was ist Buddhismus?

Der Buddhismus entstand vor etwa 2500 Jahren in Nordindien. Er wurde von dem indischen Prinzen Siddhartha Gautama gegründet, der sich über das Leid der Welt sorgte. Er reiste und meditierte drei Jahre lang und nahm dann den Namen „Buddha" (der Erleuchtete) an. Die Buddhisten glauben, wie die Hindus, an das Schicksal (Karma) und die Wiedergeburt. Das Ziel aller Buddhisten ist es, das Nirwana zu erreichen, einen Zustand des vollkommenen Friedens.

Buddha wird oft auf einer Lotusblüte sitzend dargestellt. Statuen und Bilder sollen die Gläubigen an Buddhas Güte erinnern.

Woher stammt der Hinduismus?

Der Hinduismus ist eine der ältesten Religionen der Welt. Er entstand vor etwa 5000 Jahren in Indien aus verschiedenen älteren Glaubensrichtungen des Landes. Die Hindus verehren verschiedene Götter und der Hinduismus hat viele Sekten. Die meisten Hindus glauben an die Wiedergeburt, bei der die Seele eines Menschen nach dessen Tod in ein anderes Lebewesen schlüpft. Wer ein gutes Leben führt, wird als höheres Wesen wiedergeboren. Er schlecht gelebt hat, kann auch als Tier wiedergeboren werden.

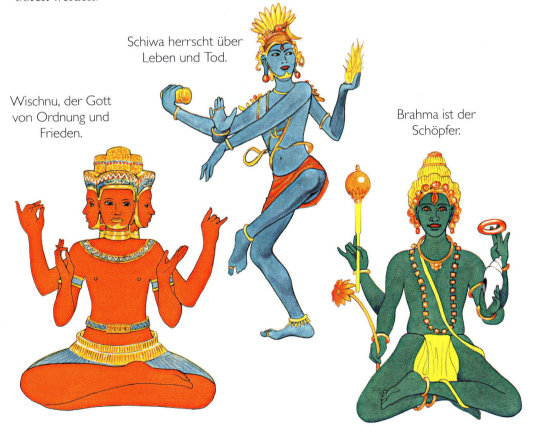

Schiwa herrscht über Leben und Tod.

Wischnu, der Gott von Ordnung und Frieden.

Brahma ist der Schöpfer.

Wischnu, Brahma und Schiwa sind die drei wichtigsten Götter des Hinduismus.

Wusstest du …?

Was ist Animismus?

Anhänger früher Religionen glaubten, dass ein Gott oder Geist in jedem Gegenstand existiert. Diese Vorstellung nennt man Animismus.

Was ist ein Missionar?

Missionare sind Menschen, welche die Lehren ihrer Religion verbreiten und Menschen anderen Glaubens als Anhänger ihrer Religion gewinnen möchten.

Was ist Säkularismus?

Säkularismus nennt man die Idee, dass den Menschen Wissen sachlich und ohne religiösen Hintergrund vermittelt werden soll.

Was ist eine Sekte?

Eine Sekte ist eine Gruppe von Menschen innerhalb einer Religionsgemeinschaft, die besondere Ansichten hat. Manche Sekten haben strenge Regeln und werden von ihrer „Mutterreligion" abgelehnt.

Was ist Sikh?

Sikh ist eine relativ junge Religion, die um das Jahr 1500 entstand. Ihr Gründer Guru Nanak stammte aus dem Pandschab in Nordindien. Zusammen mit neun anderen „Gurus" fasste er die Glaubensgrundsätze im heiligen Buch Guru Granth Sahib zusammen. Sikhs glauben, dass Gott in allen Dingen lebt.

WAS IST MEDIZIN?

Jeder Mensch kann in seinem Leben einmal krank werden. Die Medizin ist eine Wissenschaft, die Krankheiten der Menschen zu erkennen, zu verhindern und zu heilen versucht. Viele Krankheiten müssen durch Medikamente oder Operationen behandelt werden. Die Vorbeugung, etwa Impfungen zum Schutz vor Krankheiten, spielt in der modernen Medizin ebenfalls eine wichtige Rolle.

WIE HAT DIE TECHNOLOGIE DIE MEDIZIN VERÄNDERT?

Mit modernen technischen Geräten können Ärzte und andere Spezialisten Krankheiten sehr genau erkennen und Patienten gezielt behandeln. Mit Röntgen- und Ultraschallgeräten kann man Bilder des Körperinneren aufnehmen und Probleme früh erkennen, sodass man sie rechtzeitig behandeln kann. Dadurch vergrößern sich die Chancen, dass ein Patient schnell wieder gesund wird.

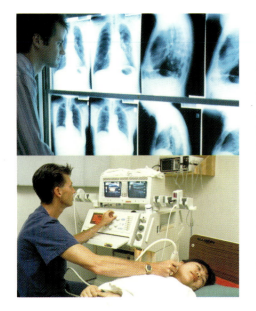

Ultraschall- und Röntgengeräte sind nur zwei Beispiele für technische Geräte, die in der modernen Medizin eingesetzt werden.

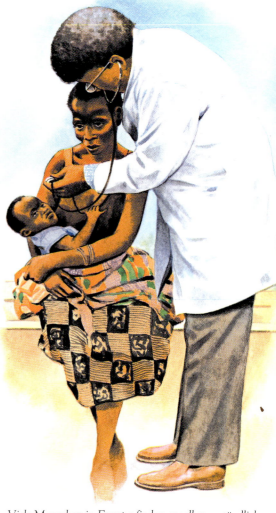

Viele Menschen in Europa finden es selbstverständlich, jederzeit zum Arzt gehen zu können. In Entwicklungsländern gibt es manchmal nur einen Arzt für mehrere tausend Menschen.

WIE WERDEN MEDIKAMENTE HERGESTELLT?

In der modernen Medizin werden viele Medikamente eingesetzt. Manche werden aus natürlichen Rohstoffen wie Pflanzen und Kräutern hergestellt, andere bestehen aus chemischen Stoffen. Noch ganz neu ist die Genmanipulation bestimmter Bakterien, sodass sie Medikamente für spezielle Zwecke herstellen.

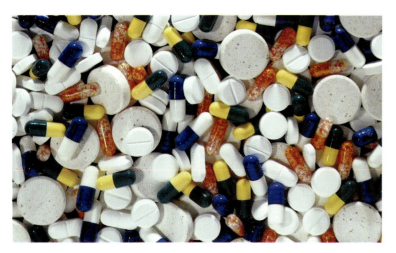

Die Herstellung von Medikamenten ist einer der größten Industriezweige.

WIE ENTSTEHEN KRANKHEITEN?

Krankheiten können auf verschiedene Weise entstehen. Bei Infektionskrankheiten werden die winzigen Erreger (Bakterien und Viren) von einem Menschen auf den nächsten übertragen. Grippe ist eine Viruskrankheit, Typhus und Cholera werden durch Bakterien verursacht. Manche Krankheiten werden bei der Zeugung von den Eltern an die Kinder weitergegeben. Diese nennt man Erbkrankheiten.

Das Grippevirus wird durch Husten und Niesen verbreitet.

WELCHE MENSCHEN SIND BESONDERS DURCH KRANKHEITEN BEDROHT?

Manche Menschen sind durch Krankheiten stärker bedroht als andere. In vielen Entwicklungsländern ist die Nahrung knapp und die Menschen haben kein sauberes Wasser. Dann besteht die Gefahr von Mangelkrankheiten wie Skorbut und Rachitis, aber auch von Krankheiten durch schlechte Hygiene, etwa Cholera und Hepatitis. In den Industriestaaten leiden die Menschen häufiger an Krebs und Herzkrankheiten, die durch ungesunde Lebensweise und zu fette Ernährung ausgelöst werden.

In Europa ist die medizinische Versorgung gut, doch viele erkranken wegen ihrer ungesunden Ernährung.

WAS IST EINE IMPFUNG?

Bei einer Impfung werden abgeschwächte Erreger einer Krankheit gespritzt, sodass der Körper selbst Abwehrkräfte dagegen entwickelt. Durch ein umfangreiches Impfprogramm konnten beispielsweise die Pocken ganz ausgerottet werden. Impfprogramme sind vor allem für Entwicklungsländer wichtig.

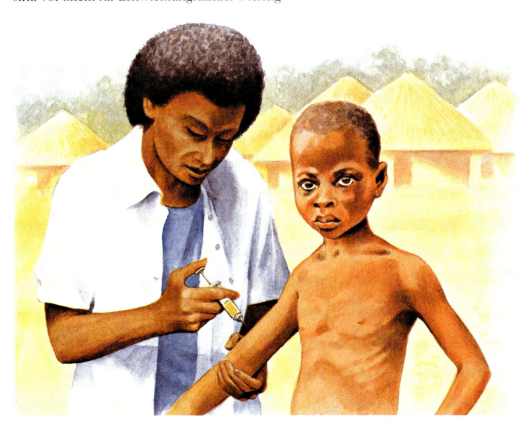

WAS SIND ANTIBIOTIKA?

Antibiotika sind spezielle Medikamente, mit denen man Bakterien bekämpft. Die ersten Antibiotika wurden aus Schimmelpilzen gewonnen, heute stellt man sie künstlich her. Antibiotika lösen die Zellen der Bakterien auf. Man darf sie nicht zu häufig einnehmen, weil sonst die Gefahr besteht, dass die Bakterien immun gegen das Medikament werden.

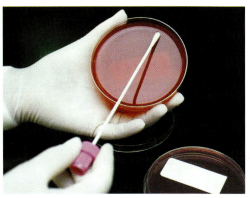

Wusstest du …?

WER ENTDECKTE DAS PENICILLIN?

Penicillin war das erste Antibiotikum. Es wurde 1928 von Alexander Fleming entdeckt. In seiner Urform konnte man es nicht einsetzen. Erst nach 11 Jahren Forschungsarbeit wurde daraus ein Medikament entwickelt.

WAS IST ALTERNATIVE MEDIZIN?

Nicht nur die üblichen Methoden der Ärzte eignen sich zur Behandlung von Krankheiten. Es gibt eine Reihe von Verfahren, die man stattdessen oder als Ergänzung einsetzen kann. Behandlungsformen wie die Akupunktur und die Homöopathie haben meist einen ganzheitlichen Ansatz – es wird nicht nur die Krankheit behandelt, sondern der ganze Mensch.

WAS IST EIN MEDIZINMANN?

Die Menschen mancher Völker glauben, dass Krankheiten durch böse Geister verursacht werden, die im Körper des Kranken hausen. Man ruft dann einen Medizinmann, Hexendoktor oder Schamanen, der den Kranken mit Kräutern behandelt und in einem besonderen Ritual Kontakt mit dem krank machenden Geist aufnimmt.

WAS IST EINE EPIDEMIE?

Bei einer Epidemie werden sehr viele Menschen gleichzeitig von einer Krankheit befallen. Malaria ist eine Krankheit, die in den Tropen durch Mücken übertragen wird. Sie hat mehr Todesopfer verursacht als jede andere Krankheit. Jedes Jahr erkranken etwa 10 Millionen Menschen, meist in Afrika.

WAS IST AKUPUNKTUR?

Akupunktur ist eine alte asiatische Heilmethode, bei der an bestimmten Stellen des Körpers feine Nadeln in die Haut gestochen werden.

Antibiotika werden in Labors hergestellt. Sie sind sehr wirksam zur Bekämpfung von bakteriellen Krankheiten.

Seit wann bauen die Menschen Häuser?

Vor sehr langer Zeit zogen die Menschen auf der Suche nach Nahrung durch das Land und suchten jeweils für eine Weile Unterschlupf in Höhlen. Vor etwa 13000 Jahren ließen sich erstmals Menschen dauerhaft in Siedlungen nieder, vermutlich im Gebiet des heutigen Palästina. Sie bauten Hütten aus Schilf, Lehm und Holz, die sie als Wohnungen und als Getreidespeicher benutzten.

Warum unterscheiden sich die Häuser in verschiedenen Ländern?

Bauart und Stil der Häuser sind von Land zu Land sehr verschieden. Das hat vor allem mit den Baumaterialien zu tun, die in der Region zu finden sind, aber auch mit dem örtlichen Wetter.

Die hölzernen Häuser im Gebirge haben steile Dächer, von denen der Schnee leicht abrutscht.

In kühlen, waldigen Regionen gibt es reichlich Holz, das sich gut als Baumaterial eignet.

Lehmhäuser haben zum Schutz vor der Hitze des Tages oft kleine Fenster und dicke Wände.

In sehr heißen Ländern werden Häuser oft aus Lehm gebaut. Weil es selten regnet, weicht der Lehm nicht auf.

In großen Städten ist der Platz knapp. Darum baut man in die Höhe, um auf wenig Raum viele Menschen unterzubringen.

Gibt es noch Höhlenbewohner?

In einigen Ländern leben noch Menschen in Höhlen – allerdings nicht mehr so wie unsere prähistorischen Vorfahren. Viele liegen in interessanten Landschaften und sind mit allen Annehmlichkeiten einer modernen Wohnung ausgestattet.

Dies ist eine moderne Höhlenwohnung in Matmata (Tunesien / Afrika).

UNSERE ERDE

Diese Wolkenkratzer ragen in Paris (Frankreich) in den Himmel auf. Architekten gestalten Form und Fassade solcher Gebäude oft ungewöhnlich und interessant.

Um Beton zu verstärken, werden Stahlstangen in flüssigen Zement eingegossen.

Mit einem Kran werden die Bauteile an ihren Platz gehoben.

Weil das tragende Stahlbeton-Skelett so stabil ist, können die Außenflächen von Wolkenkratzern auch aus leichten Materialien wie Glas oder Aluminium bestehen.

WARUM KIPPEN WOLKENKRATZER NICHT UM?

Wolkenkratzer nennt man die riesigen Hochhäuser, die in vielen Großstädten zu sehen sind. Normale Häuser sind so gebaut, dass die Mauern den ganzen Bau tragen. Wolkenkratzer sind aber so hoch und ihre Mauern haben ein so großes Gewicht, dass sie durch ein Skelett aus Stahlbeton stabilisiert werden müssen. Auch das Fundament eines Wolkenkratzers muss sehr tragfähig sein. Mit speziellen, sehr starken Rammen werden lange Betonpfeiler in den Boden getrieben.

WIE WERDEN TUNNEL GEBAUT?

Tunnel können verschiedenen Zwecken dienen. Durch manche fließt Frischwasser oder Abwasser, andere dienen als Wege für Menschen, Züge oder Autos. In Städten hebt man beim Tunnelbau meist einen tiefen Graben aus, setzt die Tunnelröhre ein und verschließt den Graben darüber wieder. Tunnel durch Berge oder unter Flussbetten werden mit gewaltigen Bohrern getrieben. Ein rotierender Bohrkopf arbeitet sich langsam durch Gestein oder Erde, dahinter werden Ringe aneinander gefügt, welche die Tunnelröhre bilden. Meist setzt man zwei Bohrköpfe ein, von denen jeder an einem Ende des Tunels beginnt.

Unterführung für Fußgänger

Verkehrstunnel für Autos und Bahnen

Versorgungstunnel für Wasser oder Abwasser

Wusstest du …?

WO STAND DER ERSTE WOLKENKRATZER?

Das erste Gebäude, das man als Wolkenkratzer bezeichnete, war das 1885 fertig gestellte zehnstöckige Gebäude der Home Insurance in Chicago (USA).

WIE WERDEN RUINEN ERFORSCHT?

Archäologen wissen viel über Gebäude der Vergangenheit. Unter dicken Erdschichten wurden Fundamente, Mauern und andere Teile von Gebäuden ausgegraben. Mit Hilfe ihres Wissens können Archäologen herausfinden, wie das Gebäude ausgesehen haben könnte.

WIE WERDEN DIE HÄUSER DER ZUKUNFT AUSSEHEN?

Beim Hausbau der Zukunft wird es vor allem um Energieeinsparung gehen. Die Häuser werden besser isoliert sein und alternative Energiequellen verwenden.

WAS IST ARCHITEKTUR?

Die Architektur befasst sich mit der Gestaltung von Gebäuden. Architekten versuchen, Gebäude zu entwerfen, die gut aussehen und angenehm zu bewohnen sind.

WAS SIND SLUMS?

Am Rand der Großstädte in vielen Entwicklungsländern findet man „Stadtteile" aus behelfsmäßigen, zusammengezimmerten Hütten, in denen die Menschen leben, die sich keine Wohnung leisten können.

WAS IST EINE JURTE?

Eine Jurte ist ein Zelttyp, wie ihn die Nomaden der Mongolei benutzen.

Wie wird Information in alle Welt übermittelt?

Heute haben wir Informationsmöglichkeiten, von denen wir noch vor 50 Jahren nicht zu träumen wagten. Fernsehen und Radio, Telefon und Computernetzwerke sind über Kabel oder Satelliten miteinander verbunden und verbreiten Informationen in alle Welt. Moderne Kommunikationssysteme oder -medien sorgen dafür, dass fast alle Menschen überall auf der Erde gesprochene, geschriebene oder visuelle Nachrichten empfangen und versenden können.

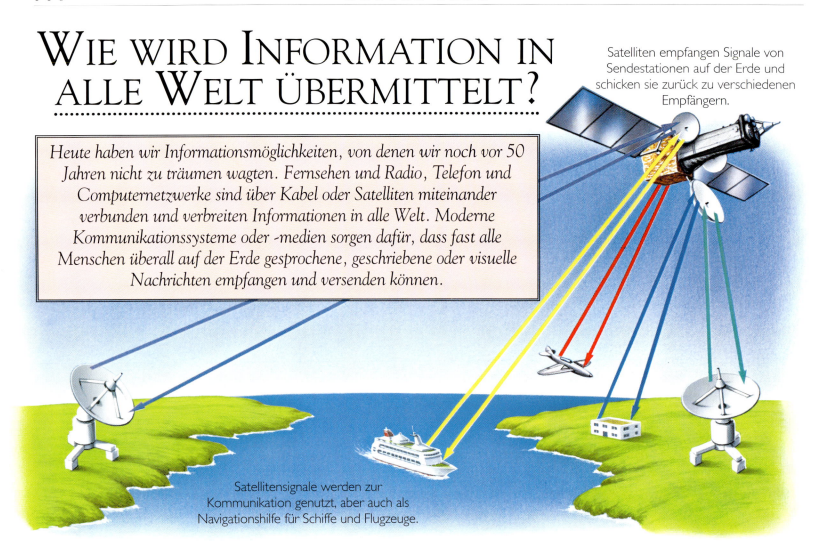

Satelliten empfangen Signale von Sendestationen auf der Erde und schicken sie zurück zu verschiedenen Empfängern.

Satellitensignale werden zur Kommunikation genutzt, aber auch als Navigationshilfe für Schiffe und Flugzeuge.

Was waren die ersten Formen der Kommunikation?

Die Menschen der Vorzeit verständigten sich wahrscheinlich durch primitive Laute und eine einfache Zeichensprache. Ursprünglich dienten diese Laute vielleicht nur dem Überleben, um z.B. andere vor Gefahr zu warnen. Allmählich haben sich aus den Lauten verschiedene Sprachen entwickelt, um Dinge erklären und sich unterhalten zu können. Mündlich überlieferte Erzählungen spielen seit langer Zeit in vielen Kulturen eine wichtige Rolle.

Was sind Massenmedien?

Medien wie Fernsehen und Tageszeitungen erreichen viele Tausend oder sogar Millionen Menschen gleichzeitig. Diese Massenmedien drücken oft die Ansichten ihrer Besitzer aus und können großen Einfluss auf die Leser oder Zuschauer haben.

Früher waren Nachrichten nur so schnell, wie ein Bote reiten konnte. Mit Rauchsignalen versuchte man, Nachrichten schneller zu übermitteln.

Warum machen Firmen Werbung?

Firmen nutzen alle Medien, um für ihre Produkte und Dienstleistungen Werbung zu machen. Anfangs diente Werbung nur dazu, die Käufer über ein Produkt zu informieren. Heute wird sie auch eingesetzt, um ein bestimmtes Bild einer Firma zu schaffen oder eine besondere Käufergruppe gezielt anzusprechen. So entsteht eine Verbindung zwischen einer Firma und einem bestimmten Lebensstil. Werbung ist ein riesiges Geschäftsfeld. Große Firmen geben sehr viel Geld dafür aus – vom Sponsoring im Sport bis zum Firmenlogo auf einer Milchtüte.

Werbung begegnet uns überall. In Tokio (Japan) werden Produkte auf großen elektronischen Bildschirmen angepriesen.

Wie funktioniert das Internet?

Das Internet ist ein weltweites Netzwerk aus Millionen von Computern, die miteinander in Verbindung treten können. Informationen in Form von Texten, Bildern, Videos und Klängen können über das Netzwerk verschickt und empfangen werden. Einzelne Computer stellen über die Telefonleitung und ein Modem eine Verbindung zu einem Internet-Service-Provider (ISP) her. Firmen und größere Organisationen haben oft eigene Netzwerke (Local Area Network = LAN), die ihrerseits mit einem ISP in Verbindung stehen.

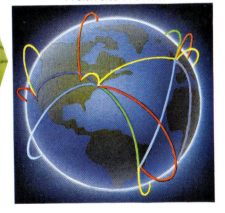

Internet-Service-Provider stellen die Verbindung von Computern in Wohnungen, Schulen, Firmen und anderen Organisationen zum Internet her. Das Internet ist das Gesamtnetzwerk, das all diese angeschlossenen Computer bilden.

Wie hat das Fernsehen unser Leben verändert?

Das Fernsehen war zweifellos die wichtigste Erfindung der Informationstechnik im 20. Jahrhundert. Weil es Bildinformationen in Millionen von Wohnungen bringt, macht es den Menschen die Ereignisse auf der Erde auf eine Weise bewusst, die sie früher nicht kannten. Als Unterhaltungsmedium hat es das Kino schnell abgelöst. Moderne Satelliten-, Kabel- und Digitaltechnik sorgt dafür, dass wir heute rund um die Uhr eine riesige Zahl an Programmen empfangen können.

Wusstest du …?

Wann wurde die erste Fernsehsendung ausgestrahlt?

1926 stellte der schottische Ingenieur John Logie Baird ein „visuelles Funkgerät" vor. Der erste Fernsehsender ging 1935 in Berlin auf Sendung.

Was ist Propaganda?

Propaganda nennt man die Verbreitung von Informationen, um eine bestimmte politische oder religiöse Richtung zu unterstützen. Durch die Massenmedien kann Propaganda großen Einfluss erlangen.

Kann man im Weltraum fernsehen?

Wenn Fernsehsignale gesendet werden, durchdringen sie die Atmosphäre und gelangen bis in den Weltraum. Das bedeutet, dass auch Astronauten ihre Lieblingssendung ansehen können.

Was war Telstar?

Telstar war der Name des ersten Satelliten, der Fernsehbilder sendete. 1962 wurde er zur Übertragung von Live-Sendungen aus den USA nach Europa eingesetzt.

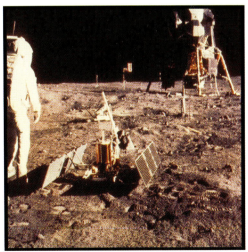

Die Apollo-Mondlandung im Juli 1969 war ein Ereignis, das weltweit mehr als 700 Millionen Menschen an den Fernsehschirmen verfolgten.

Was ist eine Gesellschaft?

Eine Gesellschaft ist eine Gemeinschaft von Menschen. Alle Gesellschaften der Welt begründen sich auf der Kerneinheit der Familie, die weitere Organisation und die Regierung der Gesellschaft sind jedoch von Land zu Land verschieden. Religion, Politik, Wirtschaft und Klima beeinflussen die Entwicklung und Organisation einer Gesellschaft.

Wie unterscheiden sich Familien?

Von Land zu Land, aber auch innerhalb eines Landes, kann der Begriff Familie verschiedene Bedeutungen haben. Als Kernfamilie bezeichnet man zwei Eltern, die ihre Kinder im gemeinsamen Zuhause aufziehen. In Großfamilien leben mehrere Generationen zusammen. In manchen Gesellschaften leben Männer und Frauen überwiegend getrennt und haben unterschiedliche soziale Rollen.

In vielen Ländern der Erde ist die Kernfamilie sehr verbreitet.

In Großfamilien leben und arbeiten viele Verwandte gemeinsam.

Wie werden Länder regiert?

Die meisten modernen Staaten werden von einer Regierung geführt. Die Regierung fällt Entscheidungen für das Volk, um den öffentlichen Dienst zu organisieren, für Recht und Ordnung zu sorgen und die Wirtschaft zu lenken. Sie ist auch für die Verteidigung des Landes zuständig. Die Bürger des Staates müssen Steuern zahlen, um die Arbeit der Regierung zu finanzieren. In einer Demokratie wählen die Bürger die Mitglieder der Regierung. Eine autokratische Regierung besteht normalerweise aus einer einzigen Person, die nicht vom Volk gewählt wird.

Was ist ein Parlament?

In vielen Ländern werden politische Fragen von einer Versammlung gewählter Volksvertreter diskutiert. Die politische Partei mit den meisten gewählten Abgeordneten bildet die Regierung, die beispielsweise in Deutschland vom Bundeskanzler geleitet wird. Die Mitglieder des Parlaments stimmen über Entscheidungen und Gesetze ab. In vielen parlamentarischen Staaten gibt es nicht nur das Staatsparlament, sondern auch weitere politische Einrichtungen. In Deutschland sind das die Landesparlamente und -regierungen, der Bundesrat, der Bundespräsident und zahlreiche Kommunalverwaltungen.

Der Vorsitzende einer Parlamentsdebatte

Die Mitglieder der Regierung und der Premierminister sitzen zusammen.

Die Vertreter der Opposition sitzen der Regierung gegenüber.

In Großbritannien finden die Diskussionen des Parlaments in einem besonderen Saal statt, den man „Chamber" nennt.

Was ist eine Republik?

Eine Republik ist ein Staat, dem ein vom Volk gewählter Präsident vorsteht. Der Präsident ernennt die Leiter der Verwaltungsbehörden, die bei Entscheidungen mitwirken. Diese Entscheidungen werden in einer Versammlung gewählter Volksvertreter diskutiert, ehe sie angenommen oder abgelehnt werden. In den USA heißt diese Versammlung Kongress. Der Kongress kann selbst Gesetze vorschlagen, die der Präsident aber ablehnen kann. Die meisten Republiken haben eine dritte Regierungsgewalt, die Judikative, die für Gesetzgebung und Rechtsprechung zuständig ist. Das höchste deutsche Gericht ist der Bundesgerichtshof.

Im Capitol in Washington tagt der Kongress, eine Versammlung aus gewählten Vertretern der amerikanischen Bevölkerung.

Karl Marx war ein deutscher Philosoph.

Was ist Kommunismus?

Kommunismus ist ein politisches und wirtschaftliches System, das im 19. Jahrhundert von dem deutschen Denker Karl Marx entwickelt wurde. Der Grundgedanke ist, dass alle Menschen gleiche Behandlung verdienen und Besitz und Wohlstand gerecht verteilt sein sollen. Die Länder, die sich für ein kommunistisches System entschieden haben, fanden es jedoch oft sehr schwierig, diese hohen Ideale zu verwirklichen. Ihre Regierungen hatten Mühe, die Wirtschaft gut zu lenken.

Geschworene (nur bei Geworenengerichten, z.B. in den USA)

In manchen Ländern werden bei Gericht noch spezielle Mäntel (Roben) und Perücken getragen.

Wie werden Menschen verurteilt?

In vielen Ländern werden Menschen, die Verbrechen begangen haben, vor Gericht gestellt. Der Angeklagte wird durch einen Rechtsanwalt verteidigt, der das Gericht von dessen Unschuld zu überzeugen versucht. Der Staatsanwalt verdeutlicht, was für die Schuld des Angeklagten spricht. Richter werden vom Staat berufen. Im Rahmen der bestehenden Gesetze sprechen sie das endgültige Urteil und legen das Strafmaß fest.

Wusstest du …?

Was ist eine Demokratie?

Demokratie bedeutet übersetzt *Herrschaft des Volkes*. Als Demokratie bezeichnet man alle Staatsformen, in denen die Mitglieder der Regierung vom Volk gewählt werden.

Warum braucht ein Land Gesetze?

Die Gesetze eines Landes werden in der Regel von der Regierung erlassen und durch die Gerichte und die Polizei durchgesetzt. Gesetze dienen dazu, die Gesellschaft vor Verbrechen zu schützen und Streitigkeiten, etwa über Geld oder Besitz, zu schlichten.

Wer hat die Politik erfunden?

Die Politik hat ihren Ursprung in der griechischen Antike. Vor über 2000 Jahren hat der griechische Philosoph Plato in seinem Werk *Die Republik* über Regierung und Politik geschrieben. Die griechische Gesellschaft war eine Demokratie, in der die Diskussion politischer Fragen große Bedeutung hatte.

Wer erliess die ersten Gesetze?

Die ersten Gesetze gab es vermutlich in der Zivilisation der Babylonier, die vor etwa 4000 Jahren im Nahen Osten lebten. Sie regelten Fragen wie Besitz, Sklaven und Löhne. Wer Gesetze brach, wurde bestraft.

Was ist die Todesstrafe?

In manchen Ländern können Menschen, die ein besonders schweres Verbrechen begangen haben, mit dem Tode bestraft werden. In vielen Ländern ist die Todesstrafe abgeschafft worden, in anderen gibt es sie noch, aber sie wird nicht verhängt. In den USA kommt es vor, dass Verurteilte Jahre in der „Todeszelle" verbringen, weil gegen ihr Urteil Berufung eingelegt wurde.

WAS IST INDUSTRIE?

Die Industrie versorgt die Menschen mit Dingen, die sie zum Leben brauchen. Dazu gehören wichtige Dinge wie Nahrung und Wasser, aber auch Luxusgüter wie Spielzeug und Schokolade. Ohne Industrie müssten wir alles, was wir brauchen, selbst herstellen. Nicht alle Industrien erzeugen Waren. Die Dienstleistungsindustrie bietet Arbeit – etwa das Waschen von Wäsche – gegen Bezahlung an.

WAS IST PRODUKTION?

Viele Menschen meinen Produktion, wenn sie von Industrie sprechen. Produktion ist die Herstellung von Dingen aus Rohstoffen. Der Weg vom Rohstoff zum fertigen Produkt hat oft viele Stufen. In manchen Industriebetrieben werden nur Teile zusammengesetzt, die von anderen Betrieben hergestellt wurden.

WAS IST EINE PRODUKTIONSSTRASSE?

In der modernen Produktion kommt es kaum noch vor, dass eine Person einen Gegenstand ganz allein herstellt. In den meisten Fabriken werden Produktionsstraßen eingesetzt. Jeder Arbeiter hat eine bestimmte Aufgabe zu erfüllen, etwa das Anbauen eines speziellen Teils an eine Maschine. Ist diese Arbeit getan, wird das Produkt auf dem Fließband zum nächsten Arbeitsschritt befördert. In vielen Produktionsstraßen werden Arbeiten automatisch ausgeführt, beispielsweise werden Teile von Robotern zusammengesetzt.

Die Karosserie wird aus Einzelteilen zusammengesetzt.

Das Metall wird mit Lack gespritzt.

Die zusammengesetzte Karosserie wird für die Lackierung vorbereitet.

Die Karosserie wird auf das Fahrgestell gesetzt, der Motor wird eingebaut.

Sitze, Elektrik und andere Teile werden eingebaut, dann ist das Auto fahrbereit.

WAS IST MASSENPRODUKTION?

Als Massenproduktion bezeichnet man die Herstellung von sehr vielen gleichen Produkten. Dabei sollen möglichst große Stückzahlen zu möglichst geringen Kosten hergestellt werden. Durch Automation und Produktionsstraßen lassen sich viele identische, austauschbare Teile herstellen. Vorreiter der modernen Massenproduktion war der amerikanische Automobilhersteller Henry Ford, der als Erster das Model T mit Hilfe von Fließbändern bauen ließ und so die Arbeitsweise der Industrie revolutionierte.

Zwischen 1908 und 1927 wurden mehr als 15 Millionen Exemplare des Ford Model T hergestellt. Es war das erste Auto, das mit Methoden der Massenproduktion gebaut wurde. Es war preiswert, verlässlich und sparsam im Verbrauch. Dieses Auto konnten sich auch Durchschnittsverdiener leisten.

WAS WAR DIE INDUSTRIELLE REVOLUTION?

Um die Mitte des 18. Jahrhunderts gab es große Veränderungen in den Arbeitsweisen und im Leben der arbeitenden Menschen. Die Industrielle Revolution, wie man diese Zeit nennt, begann in England und erfasste bald Europa und dann die USA. Mit neuen Maschinen konnten Waren schneller hergestellt werden. Fabriken wurden gebaut, um sie herum entstanden große Städte. Viele Menschen zogen vom Land in die Städte, wo sie aber oft unter sehr schwierigen Bedingungen lebten.

Dampfschiffe fuhren über die Weltmeere.

Brücken und andere Bauten wurden aus Eisen und Stahl gebaut

Eisenbahnen und Kanäle veränderten den Transport von Gütern und Fahrgästen.

Die Städte wuchsen schnell. Fabriken und Wohnhäuser für die Arbeiter wurden gebaut.

Wusstest du …?

WAS IST EINE GEWERKSCHAFT?

Eine Gewerkschaft ist eine Vereinigung, die Arbeiter und Angestellte aus gleichen oder ähnlichen Industriezweigen vertritt. Sie sorgt für gerechte Bezahlung und gute Arbeitsbedingungen. Manchmal rufen Gewerkschaften zum Streik (Niederlegung der Arbeit) auf, um ihre Forderungen durchzusetzen.

WAS WURDE IN DEN ERSTEN FABRIKEN HERGESTELLT?

Die ersten Fabriken stellten Tuche her. Dazu verwendeten sie Maschinen, die mit Dampf angetrieben wurden.

WAS IST VERSTAATLICHUNG?

Von Verstaatlichung spricht man, wenn der Staat die Kontrolle und das Besitzrecht über eine Fabrik oder einen Industriezweig übernimmt. Oft werden die vorherigen Eigentümer dabei kraft Gesetzes enteignet.

SEIT WANN BENUTZEN DIE MENSCHEN WERKZEUGE?

Schon vor etwa 35 000 bis 40 000 Jahren benutzten die Menschen Werkzeuge aus scharfkantigem Flintstein, um Tiere zu häuten und andere Werkzeuge aus Holz und Knochen zu fertigen.

WIE WERDEN WAREN IN ALLE WELT VERTEILT?

Heute werden Waren mit verschiedenen Verkehrsmitteln befördert. Frachtflugzeuge sind besonders schnell, aber sehr teuer. Wenn große Mengen Waren über weite Strecken transportiert werden sollen, sind Schiffe die preiswerteste Methode. Auf Containerschiffe werden riesige Metallkisten gleicher Größe verladen, in denen man fast alles verstauen kann. Im Hafen können die Container leicht auf Lastwagen oder Eisenbahnwaggons umgeladen werden. Für kürzere Seefahrten fahren auch ganze Lastwagen oder Eisenbahnzüge auf Schiffe und in einem anderen Hafen wieder von Bord.

Viele Waren werden heute mit Containerschiffen transportiert. Die größten Schiffe können mehrere Tausend Container laden.

WAS IST DIE WELTWIRTSCHAFT?

Die meisten Länder der Erde kaufen und verkaufen Waren und Dienstleistungen. Diesen Handel zwischen den Ländern nennt man Weltwirtschaft. Sie ist entstanden, weil viele Länder Dinge brauchen, die sie nicht selbst erzeugen können. Reiche Länder kaufen auch Waren aus Ländern, wo die Produktionskosten und dadurch die Preise der Waren niedrig sind. Moderne Transport- und Kommunikationsmöglichkeiten haben die Entwicklung der Weltwirtschaft gefördert.

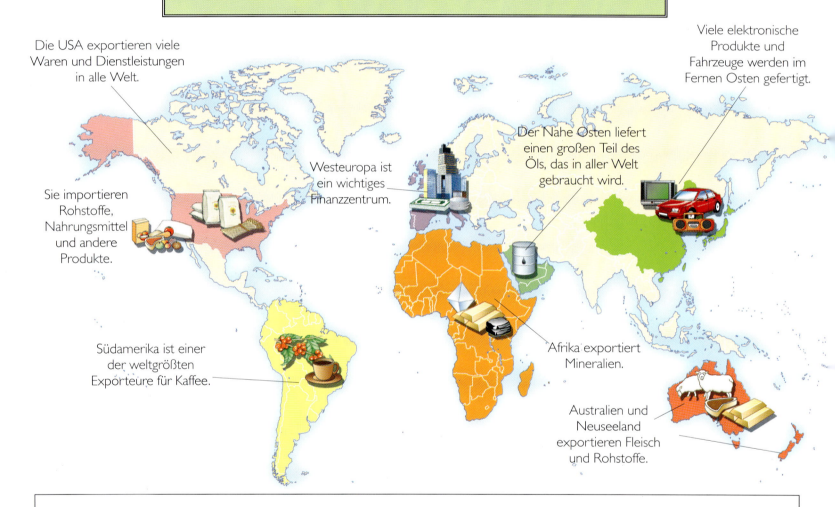

Die USA exportieren viele Waren und Dienstleistungen in alle Welt.

Sie importieren Rohstoffe, Nahrungsmittel und andere Produkte.

Westeuropa ist ein wichtiges Finanzzentrum.

Viele elektronische Produkte und Fahrzeuge werden im Fernen Osten gefertigt.

Der Nahe Osten liefert einen großen Teil des Öls, das in aller Welt gebraucht wird.

Südamerika ist einer der weltgrößten Exporteure für Kaffee.

Afrika exportiert Mineralien.

Australien und Neuseeland exportieren Fleisch und Rohstoffe.

WAS IST EINE AUSSENHANDELSBILANZ?

Waren, die ein Land an ein anderes verkauft, nennt man Exporte. Waren, die es von einem anderen kauft, sind Importe. Importe werden mit Geld bezahlt, das das Land für seine Exporte eingenommen hat. Im günstigsten Fall ist das Verhältnis zwischen Einnahmen und Ausgaben ausgewogen. Nicht alle Länder nehmen genug Geld ein, um die Dinge zu bezahlen, die sie brauchen. Sie müssen sich Geld von anderen Ländern und von großen Banken leihen – der Staat verschuldet sich. Durch die Staatsverschuldung wird die Kluft zwischen reichen und armen Ländern immer größer. Manche Entwicklungsländer brauchen all ihre Einnahmen, um ihre Schulden abzutragen oder Zinsen zu bezahlen.

Importe — Exporte

Wie werden Banknoten gedruckt?

Geldscheine müssen so gestaltet sein, dass es sehr schwierig ist, sie zu fälschen. Viele sind sehr kompliziert aufgebaut, etwa mit Bildern auf einem Hintergrund aus feinen Linien und Mustern. Sie werden mit handgravierten Stahlplatten auf ein spezielles Papier gedruckt. Das Papier ist sehr haltbar, meist sind auch Plastik- oder Metallstreifen eingebettet.

Kaufen die Menschen heute anders ein als früher?

In den letzten 100 Jahren haben sich die Einkaufsgewohnheiten der Menschen stark verändert. Früher kaufte man hauptsächlich in kleinen Fachgeschäften ein, etwa beim Schlachter oder Gemüsehändler. Heute gehen die meisten Menschen in einen Supermarkt oder in Einkaufszentren mit vielen Geschäften unter einem Dach. Seit dem Ende des 20. Jahrhunderts kaufen immer mehr Menschen über das Internet ein, ganz ohne aus dem Haus zu gehen.

Wie sind Märkte entstanden?

Märkte gibt es schon seit Tausenden von Jahren – viel länger als Geschäfte. Sie entstanden in Städten, in denen sich Handelsstraßen kreuzten. Händler reisten von Markt zu Markt, um Waren zu kaufen und zu verkaufen. Andere Menschen boten Dinge an, die sie selbst geerntet oder hergestellt hatten. Oft wurden auch Waren gegen andere Waren getauscht. Die Preise standen nicht fest, sondern wurden ausgehandelt.

Märkte gibt es noch heute überall auf der Welt. Wenn man weiß, wonach man sucht, kann man hier oft günstig einkaufen. In manchen Ländern muss man mit den Verkäufern noch über den Preis verhandeln.

Wusstest du …?

Was ist die Börse?

Manche Firmen verkaufen Geschäftsanteile, die man Aktien nennt. An der Börse werden diese Aktien gekauft und verkauft.

Was ist ein Handelsabkommen?

Viele Länder unterzeichnen Handelsabkommen, um ihre Wirtschaft abzusichern. Manchmal werden Preise für bestimmte Waren fest vereinbart, manchmal werden bestimmte Länder vom Handel ausgeschlossen. Der Bruch von Handelsabkommen kann zu schweren Auseinandersetzungen und sogar zu Kriegen führen.

Was ist eine Münze?

Eine Münze ist ein Stück Hartgeld. Den gleichen Begriff verwendet man für den Betrieb, in dem Geldstücke hergestellt werden. Münzen bestehen meist aus Kupfer, Nickel, Messing oder einer Legierung (Mischung) dieser Metalle. Sie werden ausgestanzt, dann werden ein Motiv, der Wert und das Jahr der Herstellung ins Metall geprägt.

Was ist der Schwarzmarkt?

Als Schwarzmarkt bezeichnet man den Handel mit illegalen Waren, etwa Drogen, aber auch Verkäufe, bei denen Steuern und andere offizielle Kontrollen umgangen werden.

Wann wurde das Geld erfunden?

Geld in Form verschieden schwerer Silberstücke wurde vermutlich erstmals in Mesopotamien vor über 4000 Jahren verwendet. Die ersten Münzen wurden wahrscheinlich vor etwa 2700 Jahren in der heutigen Türkei geprägt.

Was ist ein Börsenkrach?

Wenn die Preise der Aktien sehr schnell und sehr stark sinken, spricht man von einem Börsenkrach.

BEGRIFFE

Abholzung Die Zerstörung von Wäldern, ohne dass neue Bäume gepflanzt werden, etwa um große Flächen für die Landwirtschaft zu gewinnen.

Architektur Die Gestaltung von Gebäuden.

Bewässerung Das Umlenken von Wasser auf Ackerland durch den Bau von Kanälen oder Rohrleitungen.

Biosphäre Der Bereich von Atmosphäre, Land und Wasser, in dem Lebewesen existieren können.

Demokratie Eine Staatsform, in der die Regierung vom Volk gewählt wird.

Erosion Die langsame, natürliche Abtragung von Gestein oder Erde. Ursache können Wind, Wasser, Gletscher oder Veränderungen des Gesteins sein.

FCKWs Chemikalien, die im Treibgas von Sprühdosen, Kühlschränken und Klimaanlagen enthalten sind und teilweise für das Loch in der Ozonschicht verantwortlich sind.

Gemeinschaft Eine Gruppe von Menschen, die durch etwas verbunden sind, etwa eine Organisation, einen Ort oder eine Denkweise.

Geologie Die Wissenschaft, die sich mit der Erde selbst, ihrer Geschichte und ihrem Aufbau beschäftigt.

Gletscher Ein großer Fluss aus Eis, der entsteht, wenn sich große Mengen Schnee über lange Zeit aufbauen.

Immigration Die Einwanderung von Menschen in ein Land, um sich dort anzusiedeln.

Koks Ein Brennstoff, der aus Kohle gewonnen wird. Er wird vor allem in der Industrie eingesetzt.

Koralle Ein Meereslebewesen mit einem Skelett aus Kalk, den es aus dem Meerwasser gewinnt. Viele Korallen bilden große Lebensgemeinschaften. Sterben die Tiere, bleiben die Skelette zurück und bilden ein Korallenriff.

Kruste Die äußere Schicht der Erde, die aus Gestein besteht.

Lavatit Eine Gesteinsart, die aus erstarrter Lava entstanden ist.

Magma Geschmolzenes Gestein, das sich unter der Erdoberfläche befindet. Tritt Magma bei einem Vulkanausbruch an die Oberfläche, nennt man sie Lava.

Medien Mittel zur Verbreitung von Informationen. Massenmedien erreichen sehr viele Menschen gleichzeitig.

Metamorphit Gestein, das sich im Lauf langer Zeit durch Hitze und Druck unter der Erde gebildet hat.

Mineral Ein natürlich vorkommender, nicht lebender Stoff mit einer bestimmten chemischen Zusammensetzung. Steine bestehen aus einem oder mehreren Mineralien.

Ökologie Die Wissenschaft, die sich mit den Beziehungen zwischen den Lebewesen und ihrem Lebensraum beschäftigt.

Ökosystem Eine Gemeinschaft von Lebewesen und das Gebiet, in dem sie leben.

Ozeanographie Die Wissenschaft, die sich mit der Erforschung der Meere und ihren Lebewesen beschäftigt.

Ozon Ein sehr reaktionsfähiges Gas, das eine Schicht in der oberen Atmosphäre bildet. Es schützt die Lebewesen auf der Erde vor den schädlichen ultravioletten Strahlen der Sonne.

Pangäa Der Name für den großen „Superkontinent", der vor etwa 220 Millionen Jahren die gesamte Landmasse der Erde bildete.

Petroleum Der Begriff, den Wissenschaftler für natürlich vorkommendes Erdöl und Erdgas verwenden.

Sedimentgestein Gesteinsart, die entsteht, wenn Erdschichten über lange Zeit stark zusammengedrückt werden.

Tafelberg Ein Berg, der statt eines spitzen oder runden Gipfels eine große, ebene Fläche hat.

Versteppung Die langsame Verwandlung eines Landstrichs in eine Steppe und dann in eine Wüste. Ursache sind meist Klimaveränderungen, intensive Landwirtschaft oder Abholzung von Wäldern.

Zivilisation Eine Gruppe von Menschen, die durch ihre Organisationsform, ihre Sitten und ihre Kultur geschichtliche Bedeutung besitzt.

REGISTER

Abenddämmerung 52
Aberglaube 52, 53
Abgeordnete 118
Abholzung, Wälder 87, 124
Ablandiger Wind 23
Aborigines 109
Abraham 110
Abwasser 71, 97, 115
Achse (der Erde) 65
Ackerbau 98, 99
Aconcagua 78
Afrika 69
Ägypten, Altes 59, 67
Aktien 123
Akupunktur 113
Albedo 8
Allah 110
Alternative Medizin 113
Altes Testament 59
Altostratus-Wolken 32
Aluminium 66, 95
Amazonas 87
Anden 79
Andesit siehe Vulkane
Anemometer 25, 55
Angel-Fälle 83
Animismus 111
Antarktis 13, 15, 69, 76, 77
Antibiotika 113
Anwalt 119
Anziehungskraft der Erde 18, 65, 68
Apollo (Mondlandung) 117
Apostel 110
Aquakultur 101
Äquator 8, 12, 19, 22, 23, 62, 65, 89
Äquinoktien 11, 53
Archäologen 115
Architektur 115, 124
Arizona 79
Arktis 108
Ärzte 112, 113
Asche (Vulkane) 73
Asteroid 14, 103
Asthenosphäre 69
Asthma 105
Äthanol 93
Atmosphäre Erde 8, 13, 16, 17, 40, 41, 45, 62, 93, 103, 104, 105
Mars 103
Atolle 81
Atome 6, 62, 75

Atomkraft 93
Atomkraftwerk 93
Auflandiger Wind 23
Auge (eines Hurrikans) 26
Aurora 45
Austern 75
Australasien 69
Azteken 109

Babylonier 119
Baekeland, Henrik 91
Baikal-See 83
Bakelit 91
Bakterien 91, 96, 97, 112, 113
Balsa-Holz 55
Banken 122
Banknoten 123
Barchan siehe Sanddünen
Barographen 49
Barometer 18, 19, 60
Basalt siehe Vulkane
Batterien 93
Bau (Gebäude) 114, 115
Bauern 60
Bäume 15, 24, 25, 86, 87, 90, 94
Baumwollweberei 121
Bauxit 95
Beaufort, Sir Francis 24
Beaufort-Skala 24, 25
Beduinen 89
Benzin 91
Beobachtungen 55
Bergbau 90, 91, 94
Bergbau 90
Berge 9, 12, 16, 33, 68, 76, 77, 78, 79, 82, 97
Berghütte 114
Bergsteiger 78
Beryllium 75
Beton 115
Bevölkerung 106, 107, 185
Bewässerung 83
Bibel 110
Bilanz 122
Bioenergie 93
Biologische Landwirtschaft 99
Biosphäre 102, 124
Blätter 61
Blätterdach (Regenwald) 86, 87
Blauer Mond 45
Blitz 30, 31, 57
Blitzableiter 30, 57

Blumen 10, 35
Blüte 53
Blütenblätter 53
Bodennebel 43
Bögen 84
Bohren 66, 67, 91
Bohrer (Tunnel) 115
Bonaparte, Napoleon 58
Börse 123
Börsenkrach 123
Brahma 111
Brandungszone 85
Braunkohle 90
Brennofen 94
Brennstoff 90, 91
Brücken 24, 70, 121
Brunnen 97
Buchmacher 61
Buddha 111
Buddhismus 111
Buhnen 85
Buschmänner 89
Buys-Ballot, Christian 21
Buys-Ballot'sches Gesetz 21

Canyons 79, 88
Charybdis-Strudel 81
Chemikalien 87, 91, 96, 98, 99
Chile 71
China 71, 78, 106
Chinook (Wind) 23
Chlor 105
Cholera 97, 112, 113
Christen 110
Christentum 110
Colco-Canyon 79
Colorado (Fluss) 79
Computer 50
Container 121
Containerschiffe 121
Coriolis-Effekt 22
Crater Lake, USA 83

Dämmerung 52
Darlehen 122
de Medici, Ferdinando 41
Death Valley, USA 89
Demokratien 118, 119, 124
Dendroklimatologie 15
Denkmäler 11
Deponie (Abfälle) 105
Depression 20
Diamanten 75
Dinosaurier 14, 103

Donner 30, 31
Donnerschlag 31
Drachen 25
Drehpunkt 67
Dreikanter 89
Dreschmaschine 99
Drogen und Medikamente 91, 112. 113
Druck (s.a. Luftdruck) 74, 90, 91
Dünen 85, 88, 89
Düngemittel 99, 101
Dunst 42, 43
Dürren 35, 46, 62
Düsenantrieb 91
Dust Bowl, USA 35

Ebbe und Flut 84
Echolot 81
Edelsteine 75
Eden-Projekt 13
Eingeborene 108, 109
Einkaufen 123
Eis 38, 39, 61, 76, 77
Eisblumen 39
Eisbögen 45
Eisbrecher 77
Eisberge 43, 77
Eisen 67
Eisenbahn 121
Eisenerz 94, 95
Eisenoxid 138
Eiskappen der Pole 76, 77, 97
Eiskerne 56
Eiskristalle 36, 37, 38, 45
Eislaufen 38
Eisregen 39
Eiszapfen 38
Eiszeit 14, 15, 62, 77
El Niño 46, 47, 59
El Niño Southern Oscillation (ENSO) 47
Elektrizität 30, 31, 67, 92, 93
Elektronen 30
Ellis Island, New York 107
Elmsfeuer 45
Energie 90, 92, 93
Entsalzung 97
Epidemie 113
Epizentrum 71
Erbkrankheiten 112
Erdachse 65
Erdanziehungskraft 18, 65, 68
Erdbeben 67, 70, 71
Erde 8, 10, 11, 12, 14, 16, 64, 65, 66, 67, 68, 69, 80, 81, 94, 95, 102, 103
Erderwärmung 15, 104
Erdhalbkugel, nördliche 10, 11, 21, 86
Erdkern 64, 66
Erdkruste 64, 66, 68, 69, 78, 124
Erdrutsch 70, 71
Ernährung 113
Erneuerbare Energien 92, 93
Eroberer 109
Erosion 15, 74, 78, 82, 84, 85, 88, 89, 124
Erwärmung, globale 15, 104
Eskimos 108
Europa 69
Evangelien 110
Exosphäre 16, 17
Experimente 54, 55
Export 122
Export-Ernten 99

Fabriken 104, 120, 121
Faltengebirge 78
Familie 118
Familienplanung 107
Fata Morgana 89
Felsen 15, 66, 67, 74, 75, 77, 84, 90, 91, 97
Felsspalten 76
Fernsehen 48, 116, 117
Fernsteuerung 48
Feuchtigkeit. Luft 30, 40, 41, 52, 53, 61, 87
Feuerschiff 43
Fische 100, 101
Fischer 60, 100, 101
Fischerei 100, 101
Fischkutter 100
Fischzuchtanlagen 101
Fjorde 76
Fleming, Alexander 113
Fließband 120
Flint 121
Flüchtlinge 107
Flughafen 61
Flugzeuge 17, 19, 33, 44, 50, 56, 61, 91
Fluorchlorkohlen-wasserstoffe

REGISTER

(FCKWs) 105, 124
Flüsse 79, 82, 83, 88, 97
Flussmündung 82
Flut und Ebbe 84
Fluten 13, 27, 35, 46, 59, 83
Flutschutzmauern 85
Flutwellen 71
Ford Model T 120
Ford, Henry 120
Forstwirtschaft 99
Fossile Brennstoffe 92, 93, 94, 104
Fossilien 15, 69, 90, 91, 137
Fracht 121
Frankreich 58
Freiheitsstatue 107
Frösche 47, 53
Frost 38, 39
Fröstelfaktor 22
Frostschutzmittel 39
Frühling 10
Fujita-Skala (Tornado-Stärke) 29
Fulgurit 31
Fumarolen 73
Fundament 115
Funk 48
Funksonden 50
Fußgänger 115

Gaia-Theorie 103
Galilei, Galileo 9, 49
Gas 64, 91, 91
Gautama, Siddhartha 111
Gebäude 13, 24, 25, 26, 27, 29, 70, 71, 74, 95, 104, 114, 115
Gebirge, Entstehung 78
Geburtenkontrolle 107
Gelbfieber 97
Geld 122, 123
Geldschein 123
Gemeinschaften 118, 124
General Electric Company 57
Generatoren 90
Genmanipulierte Lebensmittel 98
Geologen 67, 92
Geologie 75, 124
Gerichtshof 119
Gerste 98
Geschäftsleute 123
Gesellschaft 118, 119
Gesetze 118, 119
Gestein 15, 66, 67, 74, 75, 77, 84, 90, 91, 97
Gesteins-Kreislauf 74

Gesundheitsvorsorge 106
Getreide 98, 99
Gewächshäuser 13, 41
Gewerkschaften 121
Gewitter 30, 31, 47
Geysire 73
Gezeiten 84
Gips 75
Glaisher, James 17
Glas 94, 95, 13
Glasfaserkabel 95
Glaziologen 77
Gletscher 15, 76, 77, 79, 82, 83, 124
Gletscherbildung 76, 77
Gletscherseen 83
Gletscherzunge 76
Globale Erwärmung 15, 104
Gobi, Wüste 89
Gold 95
Golden Gate Bridge 42
Golf 61
Gorillas 87
Götter 110, 111
Grand Canyon 79
Granit 74
Graphit 75
Graupel 36
Greenwich Mean Time 51
Grenzen 20
Grippe 11, 112
Grönland 76, 77, 108
Großbritannien 58
Großes Barriere-Riff 81
Großfamilie 118
Gummi 99
Guru Granth Sahib 111
Guru Nanak 111
Gurus 111

Hagel 37, 57, 97
Hagel, Kanonen gegen 57
Hagelkörner 37, 57
Halbinsen Kola, Russland 66
Halbleiter 95
Halo 45
Handeln (um Preise) 123
Handelsabkommen 123
Händler 123
Häuser 114, 115
Haüy, René 75
Hawaii 73
Hegelstürme 37
Heiße Quellen 73
Heizung 91
Hektopascal 19

Hell's Canyon 79
Hepatitis 113
Herbizide 98
Herbst 10, 11
Hering 101
Herzkrankheiten 113
Hexendoktor 113
Hillary, Sir Edmund 79
Himalaja 12, 78, 79
Himmel 52, 110
Hinduismus 111
Hindus 111
Hitze 8, 91
Hochebene 79
Hochgebirge 114
Hochhäuser 115
Hochofen 90, 94
Höhe 18, 19
Höhlen 79, 84, 114
Holz 87, 95
Holzhäcksel 93, 94
Homöopathie 113
Hot Spots (Vulkane) 72
Howard, Luke 33
Hummer 101
Hungersnot 99
Hurrikan Floyd 27
Hurrikan Fran 49
Hurrikane 26, 27, 56, 62
Hygiene 96, 97, 113
Hygrometer 41

Iglus 108
Immergrüne Pflanzen 86
Immigration 107, 124
Impfung 113
Import 122
Indianer 108
Indonesien 73
Industrie 75, 94, 95, 96, 104, 105, 120, 121
Industrielle Revolution 121
Information 116, 117
Ingenieur 94
Inka 59, 109
Inseln 13, 81
Intensiv-Landwirtschaft 98
Interglazial-Periode 14
Internet 48, 49, 55, 117
Internet Service Provider (ISP) 117
Inuit 108
Islam 110
Isobaren 19, 49
Italien 81

Jahresringe 15
Jahreszeiten 10, 11, 62, 65

Japan 95
Jesus Christus 110
Juden 110
Judentum 110
Jupiter 73

K 2 (Berg) 79
Kabeljau 101
Kabeljau-Krieg 101
Kaffee 99, 122
Kakadus 87
Kalahari (Wüste) 89
Kalben (Gletscher) 77
Kalkstein 74, 79
Kälte (Klima) 11
Kalzit 79
Kalzium 97
Kanäle
Kanonen gegen Hagel 57
Kaolin 94
Karma 111
Kaspisches Meer 83
Katalysator 105
Keime 113
Keramik 94
Kern (der Erde) 64, 66
Kernfamilien 118
Kerosin 91
Kessel 55
Kiesel 85
Kiesgruben 83
Kino 117
Kissenlava 72
Klärwerk 96
Klima 12, 13, 14, 15, 62, 83, 86
Klimaanlage 105
Klippen 84
Kohle 90, 91
Kohlendioxid 90, 95, 104
Kohlenmonoxid 105
Kohlenstoff 90, 102, 103
Koks (Brennstoff) 90, 124
Kola, Halbinsel, Russland 66
Kolonialismus 109
Kolumbus, Christoph 59
Kommunikation 50, 51, 116, 117, 122
Kommunismus 119
Kompass 67
Komponenten 120
Kondensation 33, 40, 42, 62, 97
Kondensstreifen 33
Kongress 119
Kontinentalschwelle 101
Kontinentalverschiebung 68, 69
Kontinentalwüste 89
Kontinente 68, 69

Konvektion 8, 16, 62
Konvergenz 68
Korallen 81, 85, 124
Korallenriffs 85
Koran 110
Korn 93, 99
Kornkreise 47
Kraftwerke 90, 92, 96, 104
Krankheiten 112, 113
Krankheitserreger 113
Krater 132, 133, 136, 153
Kraterseen 83
Kräuter 112
Krebs 93, 113
Krebse 101
Kredit 122
Kricket (Spiel) 61
Kristalle 74, 75
Kruste (der Erde) 64, 66, 68, 69, 78, 124
Kugelblitz 47
Kühe 52
Kühlmittel 96
Kultur 108, 109, 110, 111
Kumulonimbus-Wolken 32
Kumulus-Wolken 32
Künstliche Seen 82
Kunststoff 9
Kupfer 94
Kuppelberge 78
Küstenform 84, 85, 101
Küstennebel 42
Küstenströmung 85

La Niña 47
Landwirtschaft 41, 60
Landzungen 84
Laotse, Perle des 75
Laser 57
Laubwälder 86
Lava 67, 72, 73, 78, 79, 81
Lavoisier, Antoine 17
Lawinen 77
Lebenserwartung 106
Lebensformen 130
Lebensraum 102
Lehm 94
Leitungsnetz (Strom) 92
Leuchtturm 43
Lianen 87
Lichtmess 53
Lignit 90
Lithosphäre 69
Local Area Network (LAN) 117
Lösemittel 91, 96
Lotusblüte 111
Lovelock, James 103
Luft 9, 13, 40, 41
Luftdruck 18, 19, 20, 21, 22, 23, 35, 49

Luftmassen 20
Luftspiegelung 89
Luftströmungen 37

Machu Picchu 109
Magdalenen (Inseln, Kanada) 84
Magmaherde 72
Magmakammer 72
Magmatitgestein 74
Magnesium 66
Magnet 67
Magnetfeld 7, 45, 67
Magnetosphäre 67
Mähdrescher 98, 99
Malaria 97, 113
Mammut 14
Mantel (der Erde) 66, 72, 131
Maori 109
Märkte 123
Marmor 74
Marx, Karl 119
Massai 109
Massenmedien 116
Massenproduktion 120
Mathematik 51
Mauna Loa 73
Maunder-Minimum 7
Maunder, Edward 7
Maya 59
Mayflower 107
Medien 116, 117, 124
Medikamente 91, 112, 113
Medizin 112, 113
Medizinmann 113
Meer 42, 43
Meeresboden 68, 69, 81
Meeresgrund 85
Meeresspiegel 15
Meeresströmung 12, 27, 46, 77, 80, 84, 101
Menschenaffen 87
Mesosphäre 16, 17
Metalle 94, 97, 141
Metamorphitgestein 74, 124
Meteore 17
Meteoriten 17
Meteorologen 27, 41, 48, 49, 50, 62
Methan 91, 93
Mexiko 59
Mikrochips 95
Mikroklima 13
Militär 57, 58, 59
Minen 66
Mineralien 74, 75, 94, 124
Mineralwasser 97
Ministerpräsident 118
Mischwälder 86
Missionare 111
Mistral (Wind) 23

Modifizierte Mercalli-Skala 71
Mohammed 110
Mohorocic, Andrija 67
Mohorocic-Diskontinuität (Moho) 67
Mohs-Skala 75
Mond 45, 65
Mond, blauer 45
Mondfinsternis 45
Monsun 13, 34, 62, 83
Moses 110
Moskau 58
Moskitos 113
Moslems 110
Motorsport 61
Mount Everest 78, 79
Mücken 113
Mündung (Fluss) 82
Murmeltier-Tag 53
Muscheln 75
Muslims siehe Moslems
Nadeln 36
Nadelwälder 86
Naher Osten 89, 110, 122
Nahrung 113
Napoleon 58
Natrium 97
Neanderthaler 131
Nebel 42, 43
Nebelmaschinen 43
Nebelscheinwerfer 43
Nebensonnen 45
Nehrung 85
Neigung der Erde 10, 11, 14, 65
Neolithikum 109
Nepal 78
Netze 100
Neues Testament 110
Nickel 67
Niederschlag 51, 62
Nil 82, 83
Nimbostratus-Wolken 32
Nirwana 111
Nischen 102
Nomaden 89, 109, 115
Nördliche Erdhalbkugel 10, 11, 21, 86
Nördlicher Wendekreis 11
Notizbuch 55

Oasen 88
Oberster Gerichtshof 119
Okklusion 21, 49
Ökologen 102, 103
Ökologie 103, 124

Ökosystem 102, 103, 124
Öl 90, 91, 122
Öltanker 91
Organische Edelsteine 75
Organische Landwirtschaft 99
Organismus 112
Osterinsel 59, 109
Ozeanboden 68, 69, 81
Ozeane 80, 81, 97, 101
Ozeanographen 81
Ozeanographie 81, 124
Ozeanrücken 68
Ozon 17, 103, 105, 124
Ozonschicht 17, 103, 105

Painted Desert, USA 88
Pangäa 68, 69, 124
Papageien 87
Papier 87, 94, 105
Papiergeld 123
Papua-Neuguinea 109
Parlament 118
Partikel 30
Passatwinde 23
Patienten 112
Penicillin 113
Perle des Laotse 75
Perlen 75
Perlmutt 75
Pestizide 60, 98, 99
Petroleum 91, 124
Petrologen 74
Pferderennen 61
Pfingstinseln 81
Pflanzen 52, 87, 112
Phosphate 97
Pilgerväter 107
Pilze 113
Pinguine 13
Pipelines 91, 96
Plastik 91
Plateau 79, 124
Plato 119
Platten 36
Plutonium 93
Pocken 113
Polare Ostwinde 22
Polarlicht 45
Pole (magnetische) 8, 11, 13, 65, 67, 77, 80
Politik 118, 119
Polkappen 76, 77, 97
Polynesien 109
Pompeji 73
Prähistorische Zeit 114
Präsident 119

Premierminister 118
Priestly, Joseph 17
Primärindustrie 94
Primaten 87
Prisma 44
Produktion 120
Propaganda 117
Propheten 110
Pulverschnee 36
Pygmäen 109
Pyramiden 67
Pyrheliometer 7

Quecksilber 19
Quellen 82

Ra (Ägyptischer Sonnengott) 7
Radar 43
Rammen 115
Rast 53
Rauchsignale 116
Raureif 38
Recht 118, 119
Rechtsanwalt 119
Recycling 103, 105
Regen 34, 35, 44, 46, 47, 52, 55, 97
Regenbogen 44, 55
Regenmesser 35, 54
Regenschatten-Wüsten 89
Regenschirme 34, 60
Regentropfen 34, 37, 44
Regenwälder 86, 87, 109
Regierungen 118, 119
Reifen 61
Reinkarnation 111
Reis 99
Reklame 117
Religion 110, 111, 118
Renaissance 49
Republik 119
Reservationen (Indianer) 108
Rheumatismus 53
Rias 85
Richardson, Lewis Fry 51
Richter 119
Richter, Charles 71
Richter-Skala 71
Rift Valley 79
Rohöl 91
Rohstoffe 94, 95, 120
Röntgenstrahlen 112
Rubin 75
Russland 58, 66, 168

Sahara 89
Saisonal Abhängige Depression (SAD) 11
Säkularismus 111
Salpetersäure 104

Salz 94
San Francisco 42, 71
Sand 85
Sanddünen 85, 88, 89
Sandstein 74
Sankt-Andreas-Graben 71
Saphire 75
Satellitenbilder 49
Sättigung 40
Sauerstoff 17, 95, 101, 103
Saurer Regen 104
Scanner 112
Schädlinge 98
Schäfchenwolken 32
Schalentiere 101
Schamane 113
Schere 54
Schiffe 43, 77, 100, 101, 121
Schirme 34, 60
Schiwa 111
Schlacke 95
Schlamm 114, 115
Schluckloch 82
Schmelzwasser 76, 79
Schmierstoffe 91
Schneckengetriebe 99
Schnee 36, 37, 97
Schneebälle 36
Schneeflocken 36
Schneemann 36
Schottisches Hochland 78
Schulprojekte 54
Schwarzes Meer 59
Schwarzmarkt 123
Schwefel 75, 94, 97
Schwefeldioxid 104
Schwefelsäure 104, 134
Sechszackiger Stern (Schneekristall) 36
Sediment 83, 85
Sedimentgestein 74, 124
Seeleute 60
Seen 76, 83, 85, 97
Seetang 52
Segel 23
Seide 41
Seif siehe Sanddünen
Seismische Wellen 67
Seismologie 67
Seismometer 71
Sekten 111
Sekundärindustrie 94
Severn, Brücke 24
Sibirien 87, 108
Sikh 111
Sikhs 111
Silizium 95
Sizilien 81
Skier 36
Slums 115

Smaragd 75
Smog 43, 105
Snowboard 36
Software 50
Solarzellen 93
Sommer 10, 11, 12, 59
Sonar 81
Sonne 6, 7, 8, 9, 10, 11, 14, 44, 45, 55, 64, 92
Sonnenenergie 93
Sonnenflecken 7
Sonnenschein 6, 7
Sonnensystem 64
Sonnenuhr 7
Sonnenwende 11, 53
Sonnenwinde 7
Sonograph 81
Speiseöl 56
Spektrum 44, 55
Sponsoren 117
Sport 61
Sprachen 116
Spraydosen 105
St. Swithin 53
Städte 13, 107
Stahl 94
Stalagmiten 79
Stalaktiten 79
Statische Elektrizität 30
Stauanlagen 82
Staub 33, 64
Staubteufel 29
Stauseen 82, 92, 96
Steinbrüche 83
Steinkohle 90
Steuern 118
Stevenson 41
Stickoxide 104
Stickstoff 102, 103
Stollen 90
Stonehenge 11
Stoßwellen 71
Strafe 119
Strahlung 8, 62, 93, 105
Strahlungsnebel 42
Strände 85
Stratokumulus-Wolken 32
Stratosphäre 16, 17
Stratus-Wolken 32
Strauchschnitt 87
Streik 121
Stricklava 72
Strom (elektrischer) 67
Strömungen (Luft) 37
Strömungen (Meere und Ozeane) 12, 27, 46, 77, 80, 84, 101
Stromversorgungsnetz 92
Strudel 80

Stürme 25, 46, 145
Sturmflut 27
Subduktionszone 68
Subsistenzwirtschaft 98
Südafrika 95
Südamerika 46, 69, 109
Südliche Erdhalbkugel 10, 11, 21, 46, 86
Sumbawa 73
Superzellen 29
Synoptische Karte 49, 62

Tafelberge 88
Tagebau 90
Tag-und-Nacht-gleiche 11, 53
Taifun 26
Täler 43, 76, 79
Tankschiffe 91
Tannenzapfen 53
Taschenrechner 93
Tau 39
Tauchboote 81
Technologie 112
Teerkohle 90
Teiche 97
Teilchen 30
Tektonische Platten 68, 70, 70, 72, 78
Telegraph 49
Telstar 117
Temperatur 8, 9, 10, 13, 22, 88, 89, 62
Tennis 61
Tenzing, Sherpa 79
Themse-Sperrwerk 83
Thermik 9, 33, 53
Thermometer 9, 41, 62
Thermosphäre 16, 17
Thermostat 9
Thor 31
Tiere (Landwirtschaft) 98, 99
Tierschutz 98
Todesstrafe 119
Tokio 107
Ton (Lehm) 94
Töpferei 94
Torf 90
Tornado Alley 28
Tornados 28, 29, 47, 57
Tornado-Stärke (Fujita-Skala) 29
Torricelli, Evangelista 19, 49
Traktoren 98
Trans-Alaska-Pipeline 91
Transamerika-Gebäude 71
Transport 115, 121, 122

Traumzeit 109
Trawler 100
Treibhauseffekt 104
Treibhausgase 15
Treibnetze 100
Treibstoff 90, 91
Trockeneis 43
Tropen 12, 34, 86, 87, 62
Tropopause 17
Troposphäre 16, 17, 27
Truthahn 73
Tsunami 71
Tukane 87
Tundra 13
Tunnel 115
Tunnelbohrer 115
Turbinen 92, 96
Türkis 75
Typhus 112

Überfrierender Nebel 43
Überlieferungen 116
Übernahme 123
Überproduktion (Nahrungsmittel) 99
Überschwemmungen 13, 27, 35, 46, 59, 83
Ultraschall 112
Ultraviolette Strahlen 6, 103, 105
Umlaufbahn 65
Umwelt 104, 105
Umweltverschmutzung 15, 93, 104, 105, 113
Unkraut 98
Unterhaltung 116, 117
Unterholz 87
Unterwasserboote 81
Ural 78
Uran 93
Urbanisation 107
Ureinwohner 108, 109
Urteil (Gericht) 119
USA 73, 79, 83, 88, 89, 119, 120

Vegetation 87
Venus 73
Verdunstung 33, 40, 62, 97
Verkehr 115, 121, 122
Verstaatlichung 121
Verstädterung 107
Versteppung 89, 124
Verurteilung 119
Verwerfungslinien 70, 71, 78
Vesuv 73
Vibrationen 67
Vieh 99

Viren 112
Vögel 53
Vogeltränke 39
Volksbräuche 52, 53
Volkszählung 107
Vorgeschichte 114
Vorherrschende Winde 22
Vulkanaktivität 69, 72, 73
Vulkanasche 72, 73
Vulkane auf der Erde 15, 65, 72, 73, 78, 81
Vulkanisches Gestein 72, 73, 88, 89, 90, 91

Waimangu-Geysir 73
Waldboden 87
Wälder 8, 86, 87
Waldlandschaft 87
Wale 101
Waren 120, 121, 122
Wasser 38, 39, 76, 77, 78, 79, 88, 89, 96, 97, 102, 103
Wasserdurchlässiges Gestein 82
Wasserdampf 26, 33, 39, 40, 41, 54, 55, 81, 97
Wasserfälle 82
Wasserkraft 92, 96
Wasserkreislauf 97
Wasserleitung 39
Wasserspeier 29
Wassertropfen 36
Waterloo, Schlacht von 58
Weberei 121
Weihnachten 47
Weinanbau 57
Weizen 98, 99
Wellen 79, 80, 84, 85
Wellenbrecher 85
Wellen-Energie 92
Wellenlänge 6
Wellington, Herzog von 58
Weltmarkt 122
Werbung 117
Werkzeuge 121
Westwinde 22
Wettbüro 61
Wetter 49, 51, 57
Wetterballone 50, 51
Wetterfronten 20, 21, 49
Wetterhäuschen 41
Wetterkarten 48, 49
Wetterleuchten 31
Wetterradar 51
Wetterstationen 51
Wettertonnen 51
Wettervorhersage 48, 49, 50, 51, 52, 53, 60, 61

Wiedergeburt 111
Wikinger 31
Winde 20, 22, 23, 24, 25, 61, 80, 84, 85, 92
Windenergie 23, 92
Windmessgerät 25, 55
Windmühlen 23
Windparks 92
Windsack 23
Windstille 25
Windturbinen 92
Winter 10, 11, 12
Wirbelstürme 29
Wirtschaft 118, 122, 123
Wischnu 111
Wohnungen 114
Wolken 16, 17, 18, 30, 31, 32, 33, 54
Wolken künstlich erzeugen 56
Wolkenkratzer 115
Wolle 53
World Meteorological Organization (WMO) 51
Wragge, Clement 27
Wüste Gobi 89
Wüsten 13, 35, 41, 46, 88, 89

Yalung Zambo 79
Yellowstone Nationalpark, USA 83

Zeitungen 48, 116
Zentrum (eines Erdbebens) 71
Zirkon 75
Zirrokumulus-Wolken 32
Zirrostratus-Wolken 32
Zirrus-Wolken 32
Zivilisationen 109, 124
Zucht 99
Züge (Eisenbahn) 61
Zunge (eines Gletschers) 76